tredition®

www.tredition.de

Markus Fischer

30 Fragen und Antworten für Newcomer Führungskräfte

Herausgeber Gregor Danielmeyer

tredition®

www.tredition.de

© 2020 Markus Fischer/Gregor Danielmeyer

Verlag und Druck: tredition GmbH, Halenreie 40-44, 22359 Hamburg

ISBN
Paperback: 978-3-347-01764-1
Hardcover: 978-3-347-01765-8
e-Book: 978-3-347-01766-5

Das Werk, einschließlich seiner Teile, ist urheberrechtlich geschützt. Jede Verwertung ist ohne Zustimmung des Verlages und des Autors unzulässig. Dies gilt insbesondere für die elektronische oder sonstige Vervielfältigung, Übersetzung, Verbreitung und öffentliche Zugänglichmachung.

30 Fragen und Antworten für Newcomer Führungskräfte

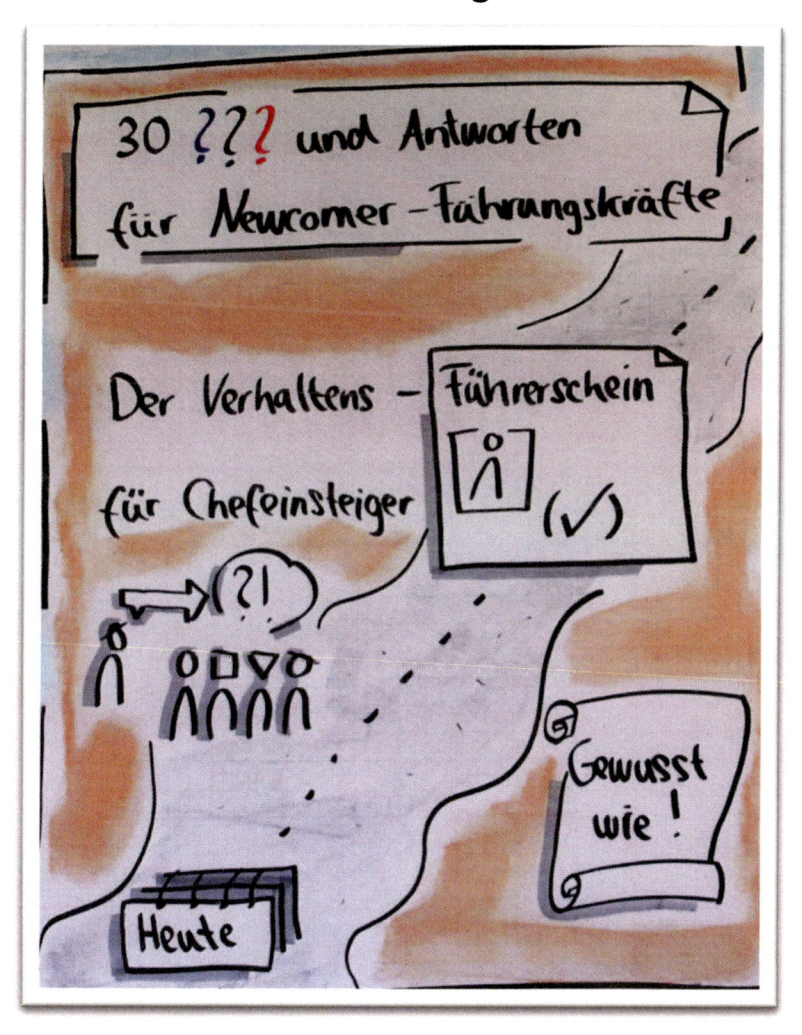

Für Vera, Emma, Karl, Johann, Heidi und Klara

Ziel:

Dieses Buch wirft 30 elementare Fragen zur Entwicklung von Führungskompetenz auf. Hinzu kommen verständliche Antworten und Beispiele aus Beruf und Alltag. Wenn Du alle Fragen sinnig für Dich beantworten kannst, erlangst Du die Führerscheinreife und Du darfst das begehrte Dokument downloaden.

Zielgruppe:

Führungskräfte und solche, die es werden wollen.

Autor:

Markus Fischer, Neukirch, MBA. Der Autor ist erfahrener Persönlichkeitscoach und fünffacher Familienvater. In seinen vielfältigen Trainings und Coachings findet er immer den passenden roten Faden, um seine Teilnehmer zu Höchstleistungen zu animieren. Es macht Spaß, sich von ihm aus der allseits beliebten Komfortzone herauskatapultieren zu lassen.

Vorwort des Autors

Erst einmal Glückwunsch – Du als Newcomer darfst Menschen führen. Sie sind Dir anvertraut. Eine Zeit lang. Es sind Deine „Mitarbeiterabschnittsgefährten."

Vielleicht erfüllt Dich das mit Stolz. Vielleicht mit Respekt. In jedem Fall hat es mit viel Verantwortung zu tun. Wenn Du nun mein Buch mit Empfehlungen liest, dann habe auch ich eine ganz besondere Verantwortung. Ich versuche dieser gerecht zu werden.

Als Vater bin ich täglich „Führungskraft" von fünf Kindern – und nicht immer wollen meine „Mitarbeiter" so, wie ich es will. Kommt Dir das bekannt vor? Du weißt genauso wie ich – Aufgeben gibt es nicht. Was es gibt? Jede Menge Themen zu entdecken, zu lernen und anzuwenden. So gesehen hast Du eine der spannendsten Tätigkeiten überhaupt, bei der täglich gilt:

Erwarte das Unerwartete!

30 Fragen und Antworten beinhalten tatsächlich gestellte Fragen meiner Coachees. In diesem Buch verlasse ich die Coaching-Maxime, nach der der Coach ja lediglich Techniken anwendet, die den Coachee dazu bringen sollen, selbst zu erkennen, was das Richtige ist.

Aber mal ehrlich, als Newcomer möchtest Du vielleicht mehr. Du brauchst was Konkretes, das Du anwenden kannst. Echte Empfehlungen. Die bekommst Du in diesem Buch. Wie im echten Leben wird es auch hier so sein, dass Dich manches anspricht, anderes nicht. Als Newcomer-Führungskraft entscheidest Du selbst, was Dir guttut und was für Dich stimmig ist.

Zähle nicht die Schafe, sondern rede mit dem Hirten. Für Dich als Führungskraft bedeutet das: Verliere Dich nicht im Detail, sondern konzentriere Dich auf das Wesentliche. Was das ist, wirst Du mit diesem Buch herausfinden und für Dich stimmig anwenden. Dabei gilt: Sei und bleib authentisch.

Und bitte verzeih, ich spreche ausschließlich von Mitarbeiter/Coachee etc. Damit ist nicht explizit nur die männliche Form gemeint.

Als Bonus-Kapitel bzw. -Frage habe ich ganz aktuell das Thema Krise mit aufgenommen. Egal ob Mitarbeiter oder Führungskraft – auf die Motivation kommt es an. Hier versuche ich Dir explizit Hilfe und neue Denkanstöße mit auf den Weg zu geben!

Schreib mir mal – unter info@markusfischer.net freue ich mich über jedes Feedback.

Und nun viel Freude!!!

Zähle nicht die Schafe

Sondern rede mit dem **HIRTEN**

Inhaltsverzeichnis

Vorwort des Autors...8

Frage 1 - Welcher Führungsstil passt zu mir?..13

Frage 2 - Wie motiviere ich als Newcomer meine Mitarbeiter?...................15

Frage 3 - Ist es sinnvoll, auch Privates von mir preiszugeben?...................23

Frage 4 - Wie erfahre ich, was meine Mitarbeiter wirklich wollen?..............26

Frage 5 - Wie sollte ich vor einer Gruppe präsentieren?.............................28

Frage 6 - Was ist bei der Wahl der Business-Kleidung zu beachten?.........33

Frage 7 - Soll ich regelmäßige Abteilungsbesprechungen durchführen?...36

Frage 8 - Wie gehe ich mit etwas Peinlichem um?......................................39

Frage 9 - Was ist bei der Auswahl von neuem Personal zu beachten?......45

Frage 10 - Wie können neue Mitarbeiter schnell erfahren, wie ich ticke?...53

Frage 11 - Wie kann ich meine Mitarbeiter besser einschätzen?................58

Frage 12 - Wie gehe ich mit faulen Mitarbeitern um?..................................62

Frage 13 - Wie sollte ich auf kritisches Feedback reagieren, das mir meine Mitarbeiter geben?..66

Frage 14 - Als Chef habe ich Weisungsbefugnis – ist das ein Garant für meinen Erfolg?...69

Frage 15 - Was sollte ich bei einem Konfliktgespräch beachten?...............73

Frage 16 - Kann ich es schaffen, schlagfertiger zu werden?......................77

Frage 17 - Ein Mitarbeiter ist krankheitsbedingt viele Monate ausgefallen. Nächste Woche ist sein erster Arbeitstag. Was soll ich tun?...80

Frage 18 - Gibt es ein Wort, dass ich aus meinem Wortschatz verbannen sollte?..82

Frage 19 - Soll ich mit meinen Mitarbeitern eine Teamentwicklung durchführen, es läuft doch alles ganz gut?..85

Frage 20 - Wie gehe ich mit Handysucht um? Speziell in Meetings?.........88

Frage 21 - Einer meiner Mitarbeiter hatte einen privaten
Schicksalsschlag. Was soll ich tun? 91

Frage 22 - Ein langjähriger Mitarbeiter des Unternehmens ist plötzlich
anders. Die Performance stimmt, aber er erscheint zunehmend
ungepflegter. Was nun? 92

Frage 23 - Wie gebe ich meinen Mitarbeitern gute Ziele? 95

Frage 24 - Einer meiner Mitarbeiter ist Perfektionist. Es dauert ewig, bis
ich was bekomme. Was kann ich tun, damit dieser Mitarbeiter schneller
Arbeiten erledigt? 97

Frage 25 - Ein Mitarbeiter, der es schafft, sehr motivierend auf seine
Kollegen einzuwirken, liebt es, mich in Gespräche über Gott und die
Welt zu verwickeln. Darüber hinaus stelle ich fest, dass seine
Arbeitsqualität nicht immer gut ist. Was soll ich tun? 102

Frage 26 - Ich habe einen stillen Mitarbeiter, der extrem gute Ideen hat,
diese aber zu selten einbringt. Was kann ich tun? 104

Frage 27 - Mein Leistungsträger hat gekündigt, wie kann ich ihn dazu
bringen, seine Entscheidung zu revidieren, damit er in meinem Team
bleibt? 107

Frage 28 - Wen sollte man zum Chef befördern? Kann man auch die
Chefrolle wieder abgeben? 114

Frage 29 - Einer meiner Mitarbeiter engagiert sich sehr stark
außerberuflich in Vereinen. Ich habe das Gefühl, dass ihm die Vereine
teilweise wichtiger sind als der Job. Wie gehe ich damit um? 116

Frage 30 - Ich bin 28, gleichzeitig sind alle meine Mitarbeiter teilweise
deutlich älter. Wie soll ich da als Autorität auftreten? 120

Bonus-Frage: „Wie gehe ich mit einer Krise um?" 121

Schlusswort 129

Dein rosa Lappen! 136

Frage 1 - Welcher Führungsstil passt zu mir?

Spannende Frage! Diese wird oft von meinen Coachees gestellt, wenn es Führungskräfte Newcomer sind. Spannend ist auch, was mit dieser Frage im Laufe der ersten Coachingeinheit passiert. Viele meiner Coachees erkennen, dass die Frage so, wie sie hier gestellt wird, zu einseitig ist und dabei etwas sehr Wesentliches nicht beachtet wird: Schließlich geht es bei dieser Fragestellung nicht um die Mitarbeiter. Oftmals wird die Frage dann neu formuliert: Wie führe ich meine Mitarbeiter am besten?

Und jetzt wird es richtig spannend: Als Vater von fünf Kindern staune ich immer wieder, wie unterschiedlich alle fünf sind. In meiner alten Heimat, dem Rheinland, gibt es dazu den Ausspruch: Jeder Jeck ist anders! In der Tat, jedes meiner Kinder braucht einen ganz eigenen Erziehungsstil, um jede und jeden optimal zu fordern und zu fördern. Das schließt auch disziplinarische Maßnahmen ein. Was bei A funktioniert, muss noch lange nicht bei B funktionieren.

Um es auf den Punkt zu bringen und es dabei auf das Business zu übertragen: Jeden meiner Mitarbeiter gleich zu behandeln ist das Ungerechteste, was ich meinen Mitarbeitern antun kann. Heraus kommt dann ein „Durchschnittsführungsstil", der vielleicht irgendwie zu mir passt, aber keinem meiner Mitarbeiter gerecht wird. Das ist in etwa so, als würde ein Modehaus dazu übergehen, zukünftig nur noch Herrenanzüge in Größe 50 zu verkaufen. Viele der Kunden werden nicht mehr kommen. Wiederum übertragen: Viele der Mitarbeiter kündigen innerlich und wenden sich schließlich ab. Die Mitarbeiterbefragungen zeigen oftmals ein entsprechend düsteres Bild des Führungsverhaltens.

Der richtige Führungsstil berücksichtigt das Individuum und die Situation.

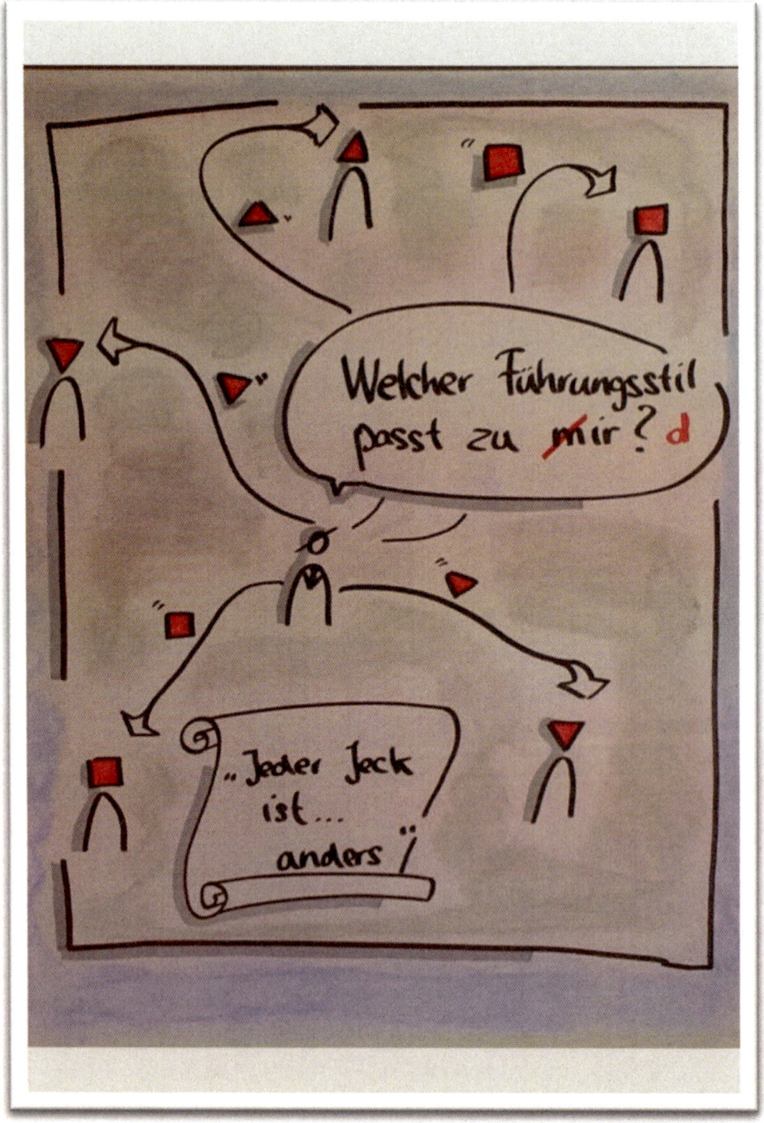
Welcher Führungsstil
passt zu mir? d
„Jeder Jeck
ist...
anders“

Frage 2 - Wie motiviere ich als Newcomer meine Mitarbeiter?

Bestimmt schon mal gehört: Das Zauberwort heißt Wertschätzung! Ja richtig: Wert-Schätzung. Das, was mir etwas wert ist – für das sorge ich. Als Papa sorge ich mich um meine fünf Kinder, ich schätze sie und finde es spannend, ihnen bei der Entwicklung zuzusehen. Und wenn sie weiterkommen im Leben als ich, dann ist doch alles sehr wertvoll gelungen.

Und nun? Was heißt das im Business? Kürzlich berichtete mir ein Werksleiter eines mittelständischen Unternehmens der Automobilzulieterindustrie wirklich Gruseliges. Er hatte zu Beginn seiner Tätigkeit einen Coach an die Seite gestellt bekommen. Dieser sogenannte Coach sagte ihm nach dem ersten Coaching, dass er mehr Wertschätzung zeigen müsse. Er solle nun unmittelbar nach dem Coaching in die Produktion gehen und den zwei Mitarbeitern, die er als Erstes bei den Maschinen antrifft, ein Lob aussprechen.

Geht´s noch? Stell Dir diese peinliche Situation für alle vor. Da fällt mir nur das englische Wort awkward ein! Der Schuss ging, wie mir der Werksleiter berichtete, eindeutig nach hinten los. Aber wie kann ich Anerkennung authentisch und ehrlich zeigen? Ich durfte in den vergangenen Jahren die unterschiedlichsten Charaktere begleiten. Und so, wie es nicht den einen Führungsstil gibt, gibt es auch nicht den einen „Anerkennungsstil". Er muss zu mir als Newcomer passen. Nur dann ist er authentisch und nur dann ist er überzeugend und kommt gut an.

Nun lade ich Dich ein: Die nächsten Seiten sind für Dich gedacht. Darin benenne ich alle Möglichkeiten der Wertschätzung, die meine Coachees in den letzten Jahren als für sich stimmig erkannt haben und seither erfolgreich praktizieren. Einige werden noch an anderer Stelle eine große Rolle spielen.

Deine Aufgabe: Starte mit einem eigenen Brainstorming. Schreibe Deine Gedanken hierzu auf den nächsten „Blanko-Seiten" auf.

Vergleiche Deine Antworten mit denen des Buchs. Such Dir die für Dich stimmigen Themen aus dem Buch heraus, vernachlässige die anderen und ...

… **praktiziere Wertschätzung!**

Merk-würdig: Das notiere ich mir!

Merk-würdig: Das notiere ich mir!

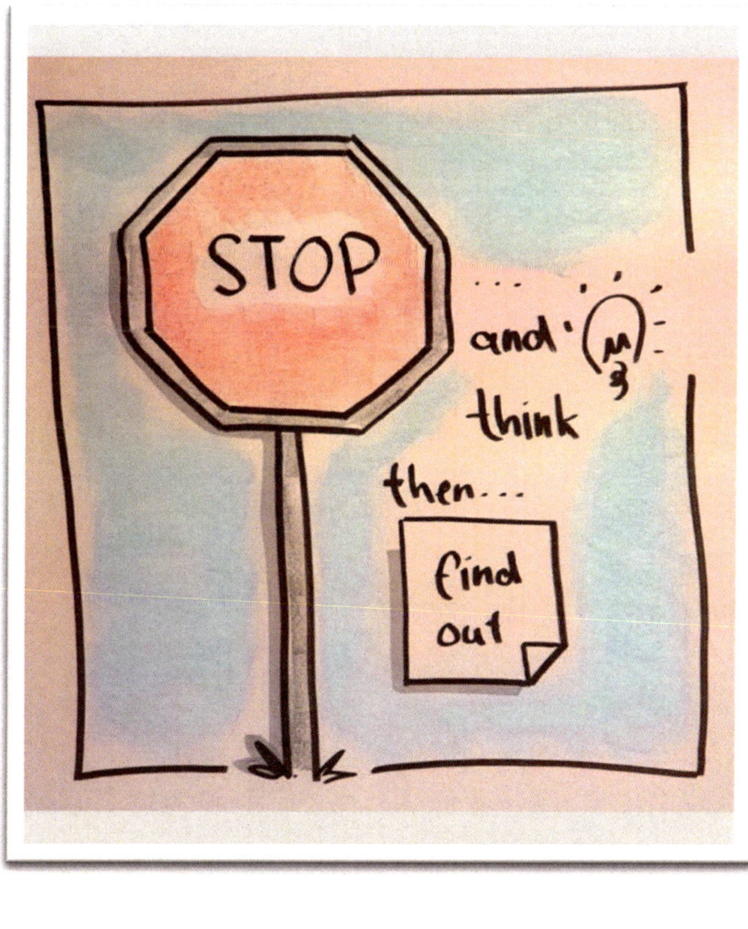
STOP
... and think
then...
find out

Mit Namen ansprechen, Zeit nehmen, Handy ausschalten, Handy bewusst weglegen, Störungen in Gesprächen unterbinden, für Ruhe sorgen, Fragen stellen, Interesse zeigen, Entwicklungspotential aufzeigen, Vermeidung von Sätzen wie: Sie haben recht, aber ..., Verantwortung auf sich nehmen, den Rücken stärken, Talente fördern, nach den Stärken fragen, sich nach den Erfahrungen bei früheren Arbeitgebern erkundigen, Augenkontakt zulassen, lächeln, die Hand geben, Rückmeldung geben, zuhören, Hilfe anbieten, Danke sagen, Dankbarkeit zeigen, Zusagen machen und einhalten, Verlässlichkeit zeigen, pünktlich sein, vorbereitet sein, Raum geben, ausreden lassen, Feedback annehmen, konstruktives Feedback geben, den ersten Schritt machen, Routine vermeiden, auf einen Kaffee vorbeigehen, ein Teamevent planen und gestalten, „Dumme Fragen" selber stellen, grüßen, informieren, jeden hören, ermutigen, aufbauen, einbeziehen in die Entscheidungsfindung, den Kontakt suchen, sichtbar sein, nahbar sein, feste Zeiten für „Führungsthemen" reservieren, hinsetzen, zusammensetzen, ... gehen, gemeinsam einen Spaziergang machen, sich an Vergangenes erinnern, positiv überraschen, Unangenehmes auf sich nehmen, Wissen teilen, Arbeitszeugnisse selber formulieren, Anerkennung selber aussprechen, zum Geburtstag gratulieren, Gemeinsamkeiten entdecken, Kopfnicken, sich entschuldigen, staunen, Applaus spenden, auf Augenhöhe kommunizieren, Beziehungen pflegen, Mitarbeiter vernetzen, Kontakte herstellen, Türe schließen, Small Talk zulassen, Entscheidungen überdenken, Entscheidungen anpassen, nach einer Meinung fragen, Rat einholen, sich erkundigen, Erfolge feiern, Stärken kennen, trösten, Alternative(n) anbieten, Fehler eingestehen, stehen bleiben, sich zuwenden, Notebook zuklappen, Notebook weglegen, bestätigen, Aktionismus vermeiden, CC-E-Mail-Verteilerflut vermeiden, jemanden aufsuchen, entgegenkommen, verzeihen, versöhnen, Neustart wagen, Weiterentwicklung betreiben, sich anvertrauen, in etwas einweihen, zusammen planen, zusammen etwas vorbereiten, verdeutlichen, vereinfachen, aufbessern, nachbessern, konkretisieren, Pausen machen, Getränke anbieten, Getränke einschenken, erkundigen, bei Meetings auch mal für Sweets sorgen ...

Frage 3 - Ist es sinnvoll, auch Privates von mir preiszugeben?

Ich liebe diese Frage. Sie wird mir regelmäßig gestellt. Je nachdem, wie sie gestellt wird und welche Wörter genau benutzt werden, verrät sie einiges über meinen Newcomer-Coachee. Eine Kostprobe gefällig?

- **Muss** ich auch Privates von mir preisgeben? Jemand, der die Frage so stellt, möchte Privates und Berufliches lieber trennen.
- **Darf** ich auch Privates von mir preisgeben? Hier schwingt die Sorge mit, dass ich mich als Newcomer angreifbar und verletzbar machten könnte. Vielleicht mache ich mir auch Sorgen, dass so etwas von bestimmten Mitarbeitern nicht gewünscht ist.
- **Soll** ich auch etwas Privates von mir preisgeben? Diese Form der Frage rückt meine Mitarbeiter in den Fokus. Erwarten sie vielleicht, dass ich was von mir preisgebe? Bin ich erst dann nahbar?

Ich mache es kurz: Sicherlich ändert sich für mich mit der neuen Rolle als Führungskraft viel, ja, vieles sogar sehr grundlegend. Aber was hat das mit der Frage zu tun, ob es sinnvoll ist, auch Privates einzubringen? Genau: Nichts.

Nehmen wir einmal an, Du bist aus dem Team heraus Führungskraft geworden und hast bisher mit Deinen Kollegen auch private Themen besprochen. Du entscheidest Dich, dies zukünftig nicht mehr zu tun ... das tut schon weh beim Schreiben.

Nun lade ich Dich zu einem Perspektivwechsel ein. Versetze Dich in Deine Mitarbeiter. Diese Mitarbeiter sind es dann, die mir in Einzelgesprächen vor einem Teamentwicklungsworkshop

Folgendes mit auf den Weg geben: Es ist so schade, früher war er einer von uns. Seitdem er Chef ist, ist er so anders, so distanziert. Wäre er doch einfach so geblieben …

Mach es so wie bisher – wenn Du der Typ bist, der gerne auch Privates einbringt, dann mach es weiter. War es bisher nicht Dein Ding, dann Finger weg! Zusammenfassend: Sei und bleib authentisch.

Merk-würdig: Das notiere ich mir!

Frage 4 - Wie erfahre ich, was meine Mitarbeiter wirklich wollen?

Hinter dieser Frage könnte die Vermutung stecken, dass meine Mitarbeiter ihre Wünsche mir gegenüber nicht offen ansprechen und daher sprachlich hübsch verpacken. Möglich ist aber auch, dass meine Mitarbeiter sich selbst noch nicht hundertprozentig im Klaren darüber sind, was sie genau wollen. In diesem Fall bekommt das Gespräch einen Coachingcharakter. Es liegt dann an mir, als Newcomer mit meinem Mitarbeiter das echte Bedürfnis herauszufinden.

Szenenwechsel: Drei meiner fünf Kinder haben in den letzten Jahren eine für mich sehr spannende und zugleich nervenaufreibende Phase hinter sich gebracht. Nein, ich meine nicht die Pubertät. Wenn kleine Kinder die Welt entdecken, dann wollen sie auch begreifen und verstehen. Sie gehen einer Sache wirklich auf den Grund. Als Vater merke ich dabei oft schon ab der zweiten, spätestens ab der dritten Frage, dass ich diese nicht mehr beantworten kann.

Ein Beispiel: „Papa, warum können wir Menschen nicht fliegen?" Meine Antwort: „Das liegt daran, dass wir keine Flügel wie die Vögel haben." Mit vielen Erwachsenen wäre das Gespräch jetzt zu Ende. Kinder laufen nun zu Hochtouren auf und fragen: „Papa, warum haben wir denn keine Flügel?" Schon jetzt wird es nicht mehr so einfach.

Was hat das nun mit dem Business zu tun? Ich denke, jede Menge. Einer meiner ersten Chefs hatte mich zum Jahresgespräch eingeladen. Ich hatte mir vorgenommen, als Mitarbeiter eine Gehaltserhöhung einzufordern.

Als mein Chef mich am Ende des Gesprächs fragt, ob er sonst noch etwas für mich tun könne, sage ich: Ich möchte gerne mit

Ihnen über eine Gehaltsanpassung sprechen. Er entgegnet: Warum wollen Sie eine Gehaltsanpassung?

Ich stutze für einen Moment. Mein Chef nutzt die Gelegenheit, um mir zu sagen, ich solle mir Gedanken machen, warum und wofür ich eine Gehaltsanpassung brauche, und mit ihm am nächsten Tag das Gespräch zur gleichen Uhrzeit fortsetzen.

Jetzt nach dem Gespräch wird mir vieles klar: Tatsächlich geht es nicht um eine Gehaltserhöhung von x Prozent, bei der das meiste ohnehin durch die Steuer wieder aufgefressen wird. Mir geht es um mehr Freiheit und Unabhängigkeit. Ja, Geld kann das sicherlich auch bewirken. Aber es gibt hierfür zahlreiche andere Möglichkeiten, die für meinen Chef leichter umzusetzen sind.

In dem Unternehmen herrscht eine 35-Stunden-Woche. Als ehemaliger Unternehmensberater bin ich 60 und mehr Stunden Arbeit pro Woche gewöhnt. Vielleicht ahnst Du schon, wie unsere Lösung aussieht?

Wir verständigen uns darauf, die 35 Stunden auf 4 Tage die Woche zu verteilen. So habe ich jeden Freitag frei und kann zu meiner Frau, die zur gleichen Zeit in Tübingen ihr Referendariat absolviert. Ich bin diesem Chef heute so dankbar. Er hatte mich zum Nachdenken gebracht und mir zu einem zusätzlichen Tag mit meiner Frau verholfen. Aus heutiger Sicht hatte mir die „Warum-Frage" einen unbezahlbaren zusätzlichen Tag gebracht. Wenn ich also wissen will, was meine Mitarbeiter wirklich wollen, dann sollte ich es wie die Kinder machen.

Ich stelle die „Warum-Frage" so lange, bis beide eine zufriedenstellende Antwort haben.

Frage 5 - Wie sollte ich vor einer Gruppe präsentieren?

Wow, jetzt wird's spannend. Vermutlich stellst Du diese Frage, da Du zeitnah auf die Bühne musst.

Präsentationen bzw. das, was wir durch sie erreichen wollen, nämlich Begeisterung, ist mein persönliches Lieblingsthema. Als 12-Jähriger stehe ich erstmals auf der Bühne. Meine Rolle: Ich singe den 3. Knaben in Mozarts Zauberflöte. Diese Erfahrung habe ich meiner Vergangenheit auf dem Internat der Limburger Domsingknaben zu verdanken. Und seither liebe ich die Bühne ... ja, ehrlich gesagt, ich bin eine Rampensau ... und wenn ich jetzt noch weiterschreibe ... dann wird's ekelig. Denn es geht nicht um mich, sondern um Dich Newcomer.

Ok, zurück zu Dir. Bist Du dabei, eine PowerPoint vorzubereiten? Nutzt du dieses Medium? Ich frage Dich: Wann hat Dich das letzte Mal jemand vom Hocker mit einer PowerPoint gerissen? Antworte ehrlich!

Rein logisch betrachtet, steht eine PowerPoint immer zwischen Redner und Publikum. Sie ermöglicht nicht viel, sondern sie vernichtet Wirkung. Sie ermöglicht nicht Begeisterung, sondern verhindert diese. Mal ehrlich, hat PowerPoint jemals bei einer großen Rede die Menschheit bewegt? Oftmals liest der Referent nur das ab, was ohnehin vorne steht. Was, bitte schön, soll da an Spannung entstehen? Denn „Lesen" kann ja jeder. Soll ich Dir beweisen, dass es viel packender geht? Dann schaue Dir bitte zunächst die folgende PowerPoint-Folie an.

Informationen zur politischen Lage

- Grundsatz der Demokratie, der Freiheit und des Fortschritts
- Unteilbare Freiheit
- Unvollkommenheit der Demokratie als Aufgabe
- Voller Friede nur mit vollumfänglichem Wahlrecht
- Recht auf dauerhaften Frieden

Wie findest Du diese PowerPoint? Ich bin sicher, Du hast PowerPoint-Präsentationen mit „Bullet-Points" wie diesen schon häufig gesehen. Wirst Du Dich morgen noch daran erinnern? Kannst Du Dich an die letzte Dir gezeigte Präsentation im Unternehmen erinnern? Blätter auf die nächste Seite. Dort habe ich Dir ein Bild gemalt und Du wirst sofort sehen, wer diese Folie präsentiert hat. Eine Folie wurde allerdings nicht gezeigt, stattdessen hat sich der Redner auf die Kunst der freien Rede berufen – Gott sei Dank. Noch heute wirkt es!

Versprich mir – und das ist die Antwort auf die obige Frage - dass Du danach auf PowerPoint (so gut es geht) verzichtest und stattdessen **die persönliche Rede in den Vordergrund rückst.**

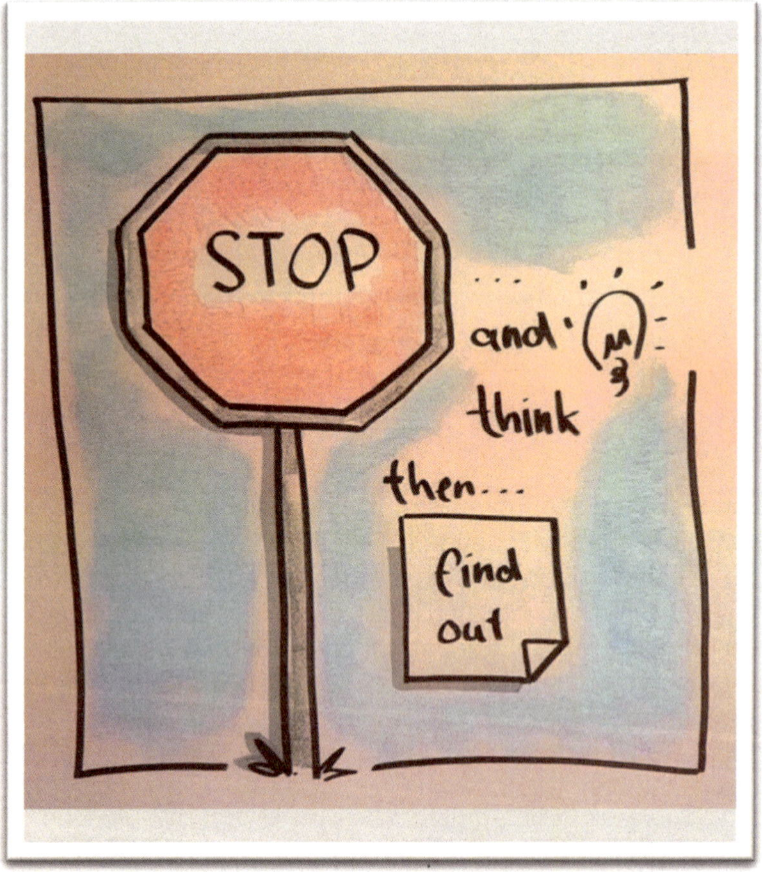
STOP
... and
think
then...
find out

Merk-würdig: Das notiere ich mir!

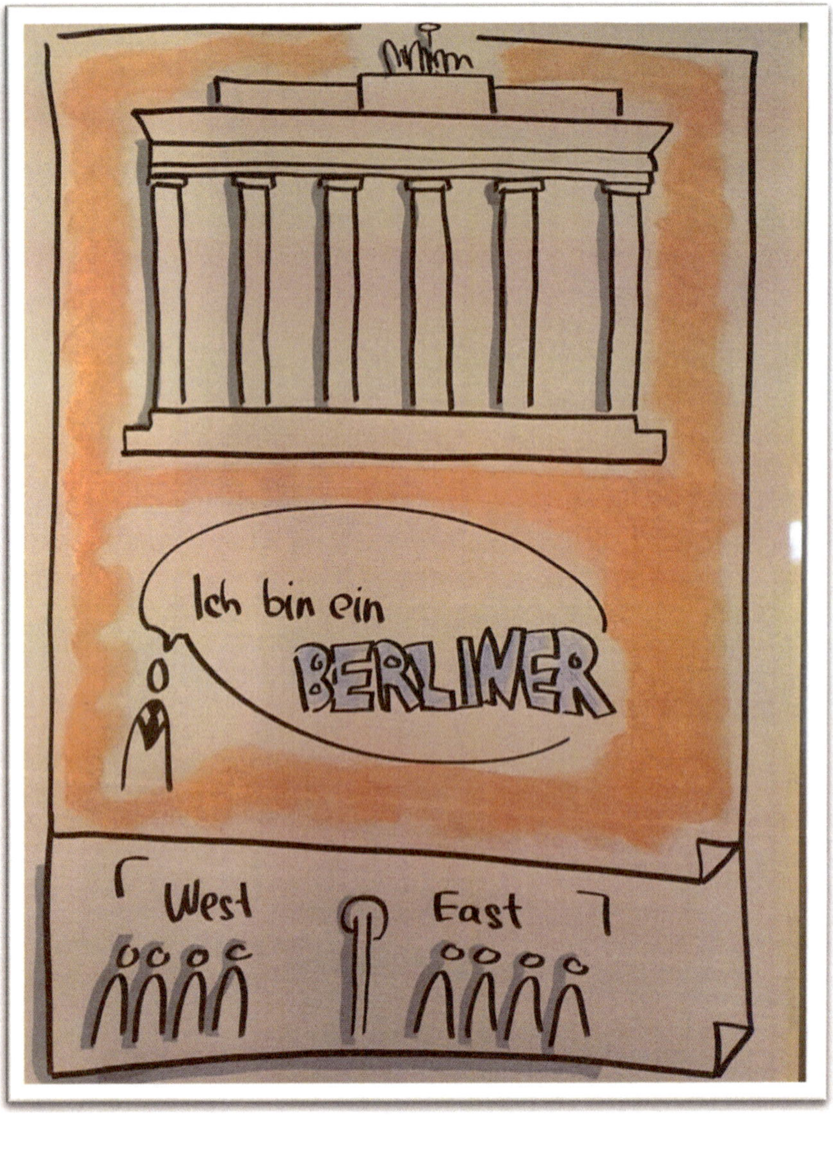
Ich bin ein
BERLINER
West
East

Frage 6 - Was ist bei der Wahl der Business-Kleidung zu beachten?

Als Newcomer wirst Du vielleicht demnächst bei Meetings und Geschäftsessen dabei sein, die in Deiner bisherigen Laufbahn noch nicht auf der Agenda standen. Du ahnst vielleicht schon, dass man hierbei viele Fehler machen kann. Die Wahl der falschen Kleidung ist einer davon.

Ich dachte, dass ich mich selbst absolut sicher auf dem Kleidungsparkett bewegen würde. Als junger Unternehmensberater für „Bain & Company" war ich es gewohnt, schon früh mit dem oberen Management von Großkonzernen zu „meeten". Hinzu kam, dass die häufig wechselnden Projekteinsätze von mir verlangten, mich schnell auf neue Kunden einzustellen. Am Ende meiner Beraterzeit war ich sicher – ich bin ein Profi. Denkste!

Zehn Jahre später – ich habe mich gerade auf den Weg in die Selbstständigkeit gewagt – liegt vor mir ein wichtiger Termin. Ich habe die Gelegenheit, den Personalvorstand eines großen Mittelständlers mit mittlerweile ca. 7000 Mitarbeitern erstmalig zu treffen. Der Termin ist am kommenden Freitag, 10 Uhr. Ein paar Tage zuvor bereite ich mich vor: Wie? Ich denke alles richtig zu machen und informiere mich über den Personalvorstand. Seine Vita zeigt, dass er Jurist ist und schon eine bemerkenswerte Karriere hinter sich gebracht hat. Schnell entsteht ein Bild in meinem Kopf: Jurist, Karriere, Erfahrung, Genauigkeit, Präzision, Korrektheit, ergebnisorientiert.

Entsteht auch bei Dir gerade ein Bild? Mir wird klar, es muss Anzug mit Krawatte sein, alles andere wäre ein Affront.

Und nun stehe ich im Türrahmen seines Büros, nachdem die Sekretärin mich durchgelassen hat. Und ich? Ich werde kreidebleich. Vor mir sitzt der Personalvorstand in kurzen Shorts, Sandalen und Poloshirt. Er schaut mich an und sagt einfach nur: „Oh!" Ich schaue ihn an und sage: „Ich ziehe mich dann mal aus." Erst als ich die Krawatte ablege und das Jackett über den Stuhl werfe fühle ich mich etwas wohler.

Die Frage ist: Was ist schlimmer, overdressed oder underdressed? Nach 15 Jahren kann ich dies eindeutig beantworten. Beides ist schlimm, beides führt zu Unwohlsein und erstickt eine gute Gesprächskultur im Keim. Warum? Weil sich die Beteiligten mehr Gedanken machen zur (falschen) Kleidung und sich auf das Wesentliche nicht mehr konzentrieren können.

Was also tun? Ich bin in den Jahren immer mit folgender Regel sehr gut gefahren (hätte ich sie komplett beachtet, wäre mir die peinliche Situation im Büro des Personalvorstands erspart geblieben):

Always get dressed at the same level or one level above. Und wenn Du Dir unsicher bist, wie das Level aussieht? Dann ruf an und frag nach dem Dresscode!

Always get dressed...

at the same level or one level above

Frage 7 - Soll ich regelmäßige Abteilungsbesprechungen durchführen?

Ich stelle Dir erst einmal eine andere Frage. Ist es sinnvoll, jede Woche am Freitag von 10 bis 11 Uhr zum Arzt zu gehen? Wahrscheinlich sagst Du nun: Nein, natürlich nicht. Das wäre ja übertrieben. Du hast recht, es würde viel zu viel Zeit und Geld kosten. Außerdem würde es nichts bringen, da es oftmals nichts mit dem Arzt zu besprechen gibt. Merkst Du was?

Gilt das nicht auch für regelmäßige Meetings? Ist es nicht so, dass man sich oft trifft, obwohl es nichts Wichtiges zu besprechen gibt? Man trifft sich, weil es die Regel besagt.

Aber der Reihe nach: Es lohnt sich einmal mehr, hinter die Fassade von demjenigen zu schauen, der sie stellt. Das bist nämlich Du, der Newcomer. Lass uns mal Dein Motiv näher anschauen.

Vielleicht ist es so, dass es das schon immer in Deiner Abteilung gab. Und weil es das schon immer gab ... Ok, das überzeugt mich nicht. Schließlich bist nun Du der Chef.

Vielleicht gehörst Du zu denjenigen, die damit ein höheres Ziel verfolgen. Nicht die Abteilungsbesprechung an sich ist der Sinn und Zweck, sondern vielmehr die Möglichkeit, in Kontakt mit Deinen Mitarbeitern zu treten. Mehr noch, Du möchtest echten Austausch nicht nur zulassen, sondern unterstützen und ausbauen.

Und jetzt wird es spannend: Ich behaupte, dass regelmäßige Treffen, Meetings oder wie auch immer wir sie nennen wollen, oftmals genau das Gegenteil von dem erreichen, was wir damit bezwecken wollen.

Austausch wird damit eher verhindert, da viele froh sind, wenn der lästige und unnötige Zusatztermin endlich vorbei ist. Und getreu dem Motto: Zum Schweigen fehlt mir der Gesichtsausdruck, lässt sich das auch während der Meetings eindeutig ablesen. So siehst Du, dass sich einige mühsam durch das Meeting quälen.

Wenn Du die nächste Seite aufblätterst, dann wirst Du die Form des möglichen Austauschs kennenlernen, die ich als erfolgsversprechend ansehe.

Zusammenfassend:

Siehe ab von Regelterminen, die nur Zusatzbelastung bedeuten und wenig Aufmerksamkeit auf sich ziehen. Finde stattdessen Formen, die dem Ziel nach einem guten Austausch näherkommen.

Das perfekte Meeting mit Deiner Abteilung

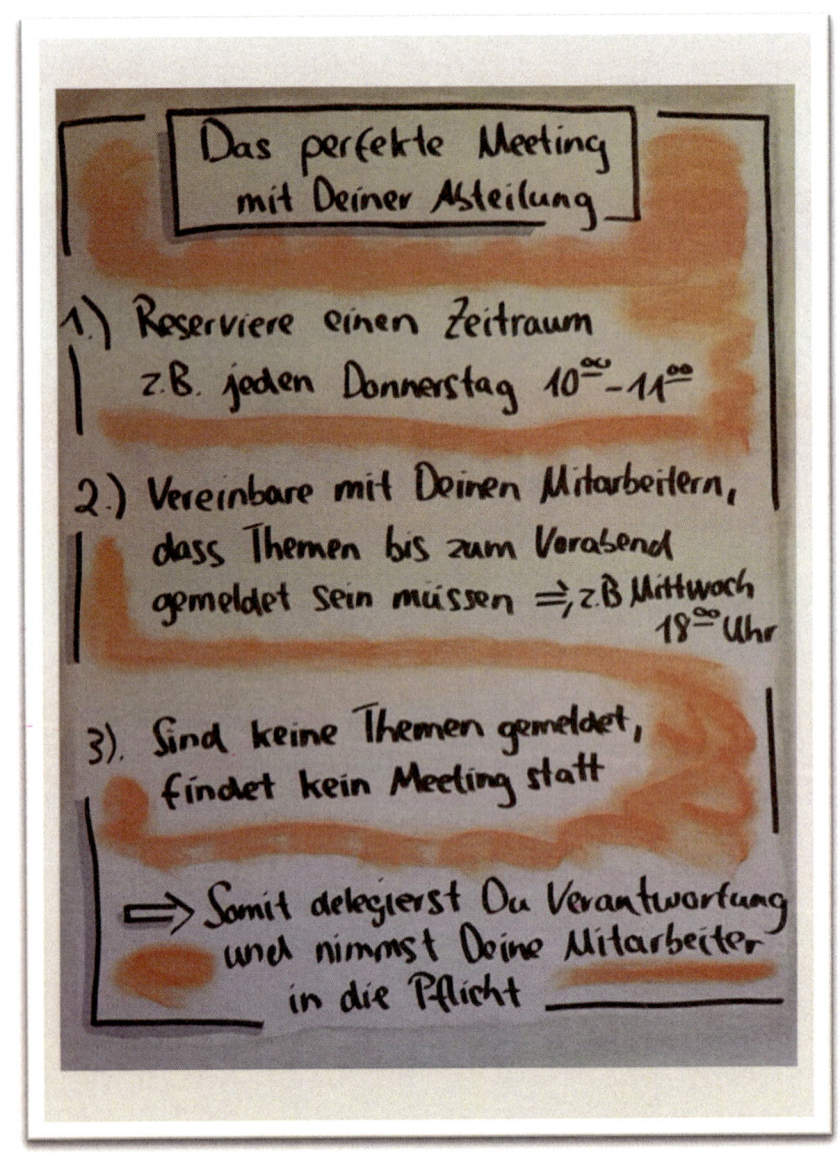

1.) Reserviere einen Zeitraum z.B. jeden Donnerstag $10^{00}-11^{00}$

2.) Vereinbare mit Deinen Mitarbeitern, dass Themen bis zum Vorabend gemeldet sein müssen ⇒ z.B Mittwoch 18^{00} Uhr

3.) Sind keine Themen gemeldet, findet kein Meeting statt

⇒ Somit delegierst Du Verantwortung und nimmst Deine Mitarbeiter in die Pflicht

Frage 8 - Wie gehe ich mit etwas Peinlichem um?

Wenn es Dir nicht schon passiert ist, dann wird es Dir sicherlich noch passieren. Du wirst Dich dann an diese Zeilen zurückerinnern. Rein logisch betrachtet gibt es nicht viele Möglichkeiten, mit etwas Peinlichem umzugehen. Sofern es noch niemand bemerkt hat, gibt es zwei grundverschiedene Strategien: Entweder ich rede offen über das Peinliche oder ich versuche es zu verbergen. Lass mich nun konkreter werden und Dich Newcomer zu folgendem Ereignis einladen, das mir genauso passiert ist. Was hättest Du gemacht?

Stell Dir vor, Du bist Trainer wie ich. Am Morgen hast Du Dich von Deiner Heimat, dem schönen Bodensee, aufgemacht in Richtung Nürnberg. Du wirst dort gleich ein Seminar für 16 Teilnehmer zum Thema Verhandlungstechniken geben. Bei diesem Seminar handelt es sich um ein firmeninternes Seminar.

Du hast die Teilnehmer vorher nicht kennengelernt und Du wirst sie vermutlich auch nach dem Seminar nicht so schnell wiedersehen. Seminarstart ist 9 Uhr. Als gut vorbereiteter Trainer bist Du bereits eine Stunde vorher da. Während der Vorbereitung des Seminarraums musst Du Dich bücken, um einige der Trainingsutensilien auf dem Boden zu platzieren. Und jetzt passiert es ... genau, Deine Hose reißt in zwei Hälften. Deine Unterhose ist deutlich zu erkennen. Leider gibt es keine Möglichkeit, Ersatz zu beschaffen. Auch möchtest Du nicht den Raum verlassen, da es mittlerweile 8.40 Uhr ist und die ersten Teilnehmer in den nächsten Minuten zu erwarten sind.

Bevor Du die Seite mit meinem Lösungsvorschlag aufblätterst, bitte ich Dich, aufzuschreiben, wie Du mit der Situation umgegangen wärst.

Was genau hättest Du unternommen? Mein Lösungsvorschlag enthält eine grundsätzliche Empfehlung, die Du dann auf viele vergleichbare Situationen anwenden kannst.

Mein Lösungsvorschlag:

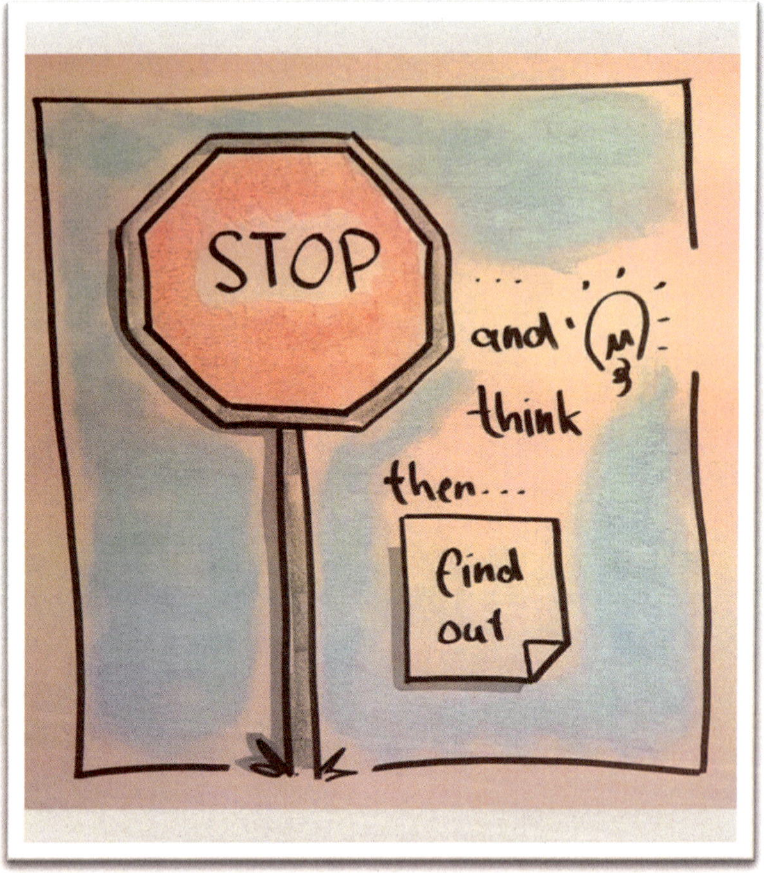
STOP
... and
think
then...
find out

Vielleicht hast Du mit mir beim Lesen der Geschichte mitgefühlt. Danke dafür. In meinen Seminaren konfrontiere ich gerne meine Teilnehmer damit. Es gibt dann immer eine beträchtliche Anzahl von Personen, die eine Lösung anstreben, bei der das Peinliche verdeckt wird. Immer wieder kommt die Lösung, das Jackett oder ggf. einen Pullover um den Bauch zu binden. Andere schlagen vor, den ganzen Tag sitzen zu bleiben, damit es nicht auffällt.

Wer mich kennt, der weiß, dass ich in Seminaren die Bewegung liebe. Sitzen zu bleiben wäre für mich eine harte Strafe. Danach zu schauen, dass der Pullover nicht rutscht, ebenso. Außerdem würde ich dann nicht authentisch wirken.

Nun sage ich Dir, wie ich es gelöst habe. Tatsächlich bin ich bis Seminarstart sitzengeblieben. Als dann endlich alle da waren, habe ich Folgendes gemacht: Ich bin aufgestanden und habe zu den Teilnehmern gesagt: „Ich muss Ihnen jetzt erst einmal etwas sagen." Dann habe ich bis 3 gezählt und bin in der Luft eine halbe Drehung gesprungen. Alle sahen meine Hose und die Unterhose. Die Reaktion? Lachen. Wie lange? Vielleicht eine Minute. Dann war das Thema durch.

Und jetzt kommt das Spannende. Mittags sind wir in die Firmenkantine gegangen. Die Teilnehmer haben sich dann beim Anstehen für das Essen, ohne dass ich sie darum gebeten hatte, traubenförmig hinter mir versammelt. So konnte kein Fremder sehen, dass ich eine gerissene Hose hatte. Ist das nicht genial? Ich hatte mit meiner Offenheit mein Problem delegiert und konnte entspannt essen. Übrigens hat es auch etwas Menschliches, zu seinen Fehlern und Peinlichkeiten zu stehen. Es zeigt doch, dass wir alle nur Menschen sind.

Die Strategie des sich Offenbarens wird immer wieder erfolgreich angewendet. Es gibt Beispiele hierzu auch aus der Politik. Vor vielen Jahren, als Klaus Wowereit dabei war, regierender Bürgermeister von Berlin zu werden, ging das Gerücht um, er sei schwul. Er hatte sich damals entschieden, es zu offenbaren.

Seine berühmte Rede hatte als Höhepunkt die Aussage:

„**Ich bin schwul und das ist auch gut so!**"

Nach wenigen Tagen war es nicht mehr Bestandteil der öffentlichen Diskussion. Also, die Antwort lautet:

Gehe in die Offensive, das erspart Dir viel Kraft. Sprich offen darüber und halte Dich nicht weiter damit auf.

Frage 9 - Was ist bei der Auswahl von neuem Personal zu beachten?

Früher oder später ist es soweit und Du wirst Dich in Personalauswahlgesprächen wiederfinden. Einziger Unterschied zu früher: Du bist jetzt auf der anderen Seite des Tisches.

Und jetzt kannst Du eine Entscheidung treffen. Du kannst es so machen, wie Du es selbst als Bewerber erlebt hast, oder Du wählst einen anderen Weg. Frage: Gehörst Du auch zu den Menschen, denen in einem Bewerbungsgespräch folgende Frage gestellt wurde? Welche drei Stärken haben Sie? Vielleicht hat sich dann später noch folgende weitere Frage angeschlossen: Welche drei Schwächen haben Sie?

Ganz im Ernst – bekommst Du mit so einer Frage wirklich Antworten, die Dir als möglicher zukünftiger Chef des Bewerbers weiterhelfen? Vermutlich hat sich der Bewerber schon mit dieser Thematik auseinandergesetzt und spult einfach seine einstudierten Antworten ab. Willst Du auf dieser Basis wirklich eine Entscheidung treffen?

Wenn wir einmal davon ausgehen, dass es fachlich passt, sprich, dass der Bewerber die notwendige Qualifikation hat, dann geht es doch „nur" noch darum, ob der Bewerber menschlich gesehen ins Team passt und auch die für die Aufgabe erforderliche Arbeitseinstellung und Arbeitsweise mitbringt.

Und nun kommt meine Empfehlung – ich zeige Bewerbern eine Liste von 20 Eigenschaften. Das Besondere an den Eigenschaften ist, dass keine von ihnen für sich genommen positiv oder negativ ist. Gleichzeitig verraten sie aber sehr viel über das Verhalten und die Weise, wie ein Bewerber an

Aufgaben herangeht. Die Liste findest Du auf der nächsten Seite!

Lege dem Bewerber die Liste vor und bitte ihn, zwei Eigenschaften auszuwählen, die aus seiner Sicht am ehesten auf ihn zutreffen. Um das Ganze zu validieren, kannst Du ihn bitten, Beispiele aus seiner bisherigen beruflichen Laufbahn zu nennen, in denen diese Eigenschaften offensichtlich wurden.

Du findest übrigens auf der übernächsten Seite eine Auflösung der Eigenschaften im sogenannten DISG-Modell, sowie folgend eine Kurzbeschreibung der vier Grundtypen. Alles, was Du dann noch tun musst, ist, diese Beschreibung mit Deinen Anforderungen abzugleichen. Du wirst so sehen, ob der Bewerber zur Stelle passt. Viel Freude dabei!

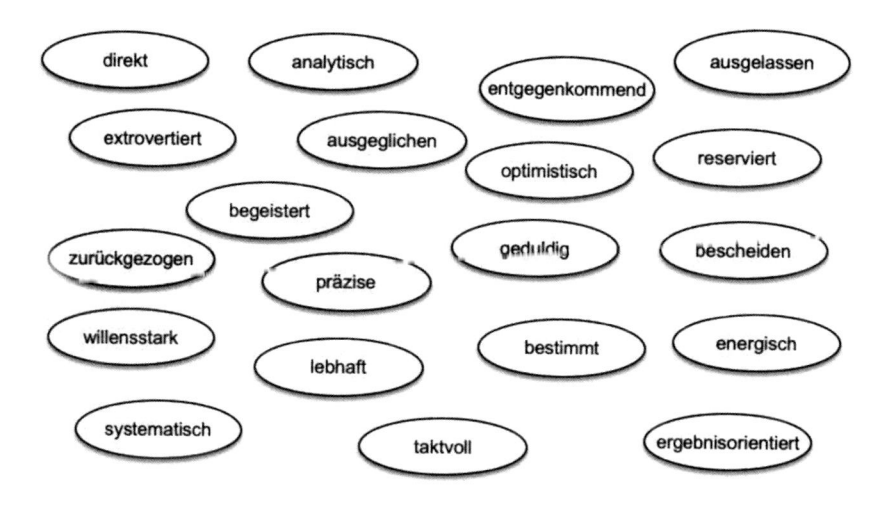

Abbildung der 20 neutralen Eigenschaften

- direkt
- analytisch
- ausgelassen
- entgegenkommend
- extrovertiert
- ausgeglichen
- optimistisch
- reserviert
- begeistert
- zurückgezogen
- geduldig
- bescheiden
- präzise
- willensstark
- bestimmt
- energisch
- lebhaft
- systematisch
- taktvoll
- ergebnisorientiert

Abbildung der 20 neutralen Eigenschaften in Farb-Gruppen geclustert

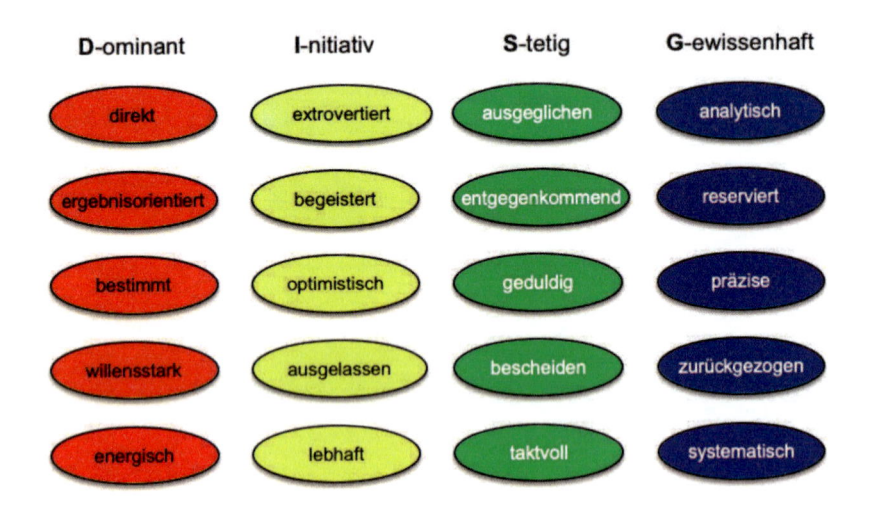

D-ominant	I-nitiativ	S-tetig	G-ewissenhaft
direkt	extrovertiert	ausgeglichen	analytisch
ergebnisorientiert	begeistert	entgegenkommend	reserviert
bestimmt	optimistisch	geduldig	präzise
willensstark	ausgelassen	bescheiden	zurückgezogen
energisch	lebhaft	taktvoll	systematisch

Kurzübersicht: Der Rote

Der Rote = D-Typ nach DISG Modell (Dominant)

Merkmale	Ausprägungen
Dominant	Beherrschend, zielgerichtet, sachorientiert, emotionslos
Erster Eindruck	Beäugt Sie eher kritisch, will beweisen, welch' toller Typ er ist
Körpersprache	Drückt Selbstbewusstsein aus, beansprucht viel Raum für sich
Redewendung	Wann sind Sie damit fertig? Ich will Ihnen jetzt mal was sagen!
Emotionen und Atmosphäre	Außer Ärger zeigt der Rote ungern seine Gefühle (Choleriker), in erster Linie bevorzugt der Rote eine sachliche Atmosphäre
Verhalten im Beruf	Bestimmt, was gemacht wird und setzt sich meist durch. Die eigenen Ziele sind häufig über denen der anderen - Workaholic
Privatleben	Gibt gerne den Ton an, hat aber auch Respekt vor denen, die ihm die Meinung sagen, oftmals Extremsportler (z.B. Marathon)
Verhalten bei Stress	Extrem ungeduldig, rechthaberisch, glaubt, dass er selber alles viel besser kann

Kurzübersicht: Der Gelbe

Der Gelbe = I – Typ nach DISG (Initiativ)

Merkmale	Ausprägungen
Initiativ	Kontaktfreudig, kreativ, begeisterungsfähig, eloquent
Erster Eindruck	Freundlich, will Neues wissen, eher oberflächlich
Körpersprache	Zeigt Lockerheit und Entgegenkommen, sucht Körperkontakt
Redewendung	Wie schön Sie hier zu sehen! Kennen Sie schon diesen Witz?
Emotionen und Atmosphäre	Teils starke Stimmungsschwankungen, meistens jedoch sehr optimistisch - er ist gerne dort, wo er in der Masse baden kann
Verhalten im Beruf	Kreativ, hat ständig neue Ideen, allerdings liegt ihm nichts an der Detaillierung/Ausarbeitung der Idee, stark in „People-Jobs"
Privatleben	Gern gesehener Gast auf jeder Party, weil Stimmungsmacher, hat ständig Witze auf Lager, vertraut leicht anderen
Verhalten bei Stress	Als Multitasker kann der Gelbe mit Zeitstress gut umgehen, Konflikten geht er lieber aus dem Weg, er will gemocht werden

Kurzübersicht: Der Grüne

Der Grüne = S – Typ nach DISG (Stetig)

Merkmale	Ausprägungen
Stetig	Beständig, nachhaltig, zuverlässig, einfühlsam → Sicherheit
Erster Eindruck	Erscheint als emotionslos, öffnet sich erst, wenn er jm. vertraut
Körpersprache	Bedeckt, verwendet wenig Mimik/Gestik, macht Raum f. andere
Redewendung	Kann ich Ihnen helfen? Bisher haben wir es immer so gemacht!
Emotionen und Atmosphäre	Emotionen werden nur im engsten Familien- u. Freundeskreis gezeigt – hier fühlt er sich am wohlsten – Mitgefühl für andere
Verhalten im Beruf	Hat gerne seine Routine, benötigt klare Aufgaben u. Strukturen, die ihm Sicherheit geben, urteilt ausgewogen, Teamplayer
Privatleben	Absoluter Familienmensch, achtet stark auf Work-Life Balance, verbringt das Wochenende mit denen, denen er sich anvertraut
Verhalten bei Stress	Kann mit Stress nicht gut umgehen und verfällt leicht in Panik, es fällt ihm schwer andere zu konfrontieren (Harmoniemensch)

Kurzübersicht: Der Blaue

Der Blaue = G – Typ nach DISG (Gewissenhaft)

Merkmale	Ausprägungen
Gewissenhaft	Genau, analytisch, kritisch, detailorientiert, distanziert, ängstlich
Erster Eindruck	Sehr zurückhaltend, kaum zu knacken, gerade höflich genug
Körpersprache	Extrem reduziert, wirkt steif (Nerd), sehr beherrscht/kontrolliert
Redewendung	Kommen wir doch gleich zur Sache! Ich muss erst überlegen!
Emotionen und Atmosphäre	Steht äußerst ungern im Mittelpunkt, teils schwer zu durchschauen, bevorzugt eindeutig eine sachliche Atmosphäre
Verhalten im Beruf	Will gleich zur Sache kommen, Versuche das Eis bei ihm zu brechen scheitern regelmäßig, macht sich einen genauen Plan
Privatleben	Zeigt Liebe und Gefühle eher durch Handlungen als verbal, hat einen nicht sichtbaren enormen Tiefgang – absolut zuverlässig
Verhalten bei Stress	Stress resultiert aus chaotischen Strukturen, er braucht klare Aufgaben, die durchaus anspruchsvoll sein können

Frage 10 - Wie können neue Mitarbeiter schnell erfahren, wie ich ticke?

Ich sehe mich wieder im Jahr 2005. Meine erste Stelle als Berater bei „Bain" macht es erforderlich, sich alle paar Wochen auf einen neuen Projektleiter einzulassen. Es ist erwünscht, dass wir jungen Berater möglichst viele verschiedene Unternehmen und Branchen kennenlernen und somit schnell unseren Erfahrungsschatz erweitern.

Aber ehrlich gesagt ist es auch ganz schön viel Stress, alle paar Wochen einen neuen Projektleiter zu haben. Jeder tickt anders und es bleibt nicht viel Zeit, sich auf einen teilweise völlig neuen Führungsstil einzulassen. Es gilt ganz schnell anzudocken.

„Bain" hat dieses Problem auf fantastisch einfache Weise gelöst. Wie? Ganz einfach – so wie meine Kinder heute Freundebücher aus Kindergarten und Schule mitbringen, in denen sich ihre Freunde auf ein bis zwei Seiten per Steckbrief kurz vorstellen, hat „Bain" einen Kurzsteckbrief für Führungskräfte entworfen. Was man dort sieht?

→ **Meine Führungskraft auf einer Seite. Genial einfach.**

Wenn Du die nächsten Seiten anguckst, findest Du meine Weiterentwicklung des Steckbriefs, den ich von „Bain" kenne. Auch wirst Du dort einen QR-Code finden. Der ermöglicht Dir, eine elektronische Version des Steckbriefs abzurufen und anschließend auszufüllen.

Und nun sage ich Dir etwas, also meine Hausaufgabe für Dich. Fülle diesen Steckbrief gewissenhaft aus und überreiche ihn Deinem neuen Mitarbeiter. Er weiß dann, wie du tickst und was Du erwartest.

Zusammenfassend:

Fülle den Steckbrief „Führungskraft auf einer Seite" aus, überreiche ihn und ermögliche somit Deinen neuen Mitarbeitern, Dich besser kennenzulernen.

Chef-Steckbrief von _____

So beschreibe ich mich:

Als Mitarbeiter erreicht man mich am besten, wenn…

Bei fachlichen Problemen möchte ich, dass…

Was unsere Zusammenarbeit betrifft, so begeistert mich besonders, wenn...

Mein bevorzugter Kommunikationsstil ist ...

Was ich sonst noch unbedingt sagen möchte:

57

Frage 11 - Wie kann ich meine Mitarbeiter besser einschätzen?

Ich mach's kurz – ins Freundebuch hat damals jeder reingeschrieben, also was spricht gegen einen Steckbrief? Es geht dabei ja nicht um eine Anklageschrift. Einzig das Ziel, meinen Mitarbeiter besser zu verstehen und somit die Zusammenarbeit zu verbessern, steckt dahinter. Der Steckbrief soll die wichtigsten Themen für die Zusammenarbeit abdecken. Er setzt ein offenes und zugleich vertrauensvolles Arbeitsverhältnis voraus.

Auf den nächsten Seiten findest Du ihn zusammen mit einem QR-Code für die Nachproduktion.

Biete Deinem Mitarbeiter an, den Steckbrief auszufüllen. Wenn Du bei der Gelegenheit auch Deinen Steckbrief überreichst, habt ihr eine gute Gesprächsgrundlage.

Mitarbeiter-Steckbrief

von _____

So beschreibe ich mich:

Meine größten Stärken sind:

Woran ich arbeiten sollte, ist:

Was mich wirklich motiviert, ist:

Meine größte Sorge ist:

SCAN MICH

Frage 12 - Wie gehe ich mit faulen Mitarbeitern um?

Glückwunsch erst einmal – Du hast eine Herausforderung vor Dir. Wie so oft im Leben kann man alles auch positiv sehen. Aber der Reihe nach – was möchte ich Dir mit auf den Weg geben?

Jemand, der diese Frage stellt, muss zunächst für sich festgestellt haben, dass es faule Menschen gibt. Wäre kein Mensch faul, würde sich die in diesem Kapitel gestellte Frage erübrigen.

Ich hatte mir geschworen, in diesem Buch keine theoretischen Modelle einzubeziehen. Nun werde ich leider schwach und mache eine Ausnahme. Es gibt eine (sehr) einfache Theorie von McGregor. Sie ist auch bekannt unter dem Namen Theorie X und Theorie Y. McGregor muss obige Frage lieben. Sie spielt auf die Menschen an, die zur sogenannten Theorie X gehören. Theorie X-Menschen haben demnach eine angeborene Faulheit. Sie müssen eng kontrolliert werden, wenn man als Chef überhaupt ein Ergebnis sehen möchte. Da sie von Geburt an faul sind, bringen sie auch keine Motivation mit. Wenn überhaupt, dann ist nur das Androhen von Strafen kurzzeitig erfolgsversprechend. Diese Androhung hat dann auch nur einen Einmaleffekt. Ganz anders die Y-Menschen. Sie werden als zielstrebige und ehrgeizige Menschen geboren. Sie wollen etwas erreichen und haben ein hohes Maß an Eigenmotivation. Sie entfalten sich am besten, wenn man sie einfach machen lässt.

Ach, wäre die Welt doch so einfach. Die Theorie an sich ist aus meiner Sicht völliger Schwachsinn, aber sie lädt zum Nachdenken ein. Wie kann ich behaupten, dass sie schwachsinnig ist? Dass liegt an einem Wort: angeboren.

Ich trete den Gegenbeweis an: Wenn ich mittags meine Kinder im Kindergarten abhole und noch ein wenig über den Zaun verschiedenen Kindern beim Spielen zuschaue, dann stelle ich fest, dass es keine faulen Kinder gibt. Das Spiel ist die Arbeit des Kindes und ein jedes Kind sehe ich im Spiel vertieft. Ein unglaublicher Fleiß ist zu sehen. Es sind nur Y-Menschen vor mir. Das bedeutet, kein Mensch wird als X geboren. X-Menschen entstehen im Laufe des Lebens. Wenn man zum Beispiel den falschen Beruf ergriffen hat, weil man halt etwas Gescheites lernen sollte. Eltern, ihr habt so eine Verantwortung!

Wenn Du also so einen richtigen X bei Dir hast, dann wette ich darauf, dass es eine Weichenstellung in seinem Leben gab, die er aus heutiger Sicht bereut. Was solltest Du tun?

Versuche ein offenes Gespräch mit Deinem Mitarbeiter mit dem Ziel zu führen, seine wirklichen Interessen herauszufinden. Manchmal ist es nur eine kleine Änderung am Aufgabenpaket, manchmal ist aber auch ein Stellen- oder gar Unternehmenswechsel die beste Perspektive für ihn (und Dich).

Und wenn ich Dich nicht überzeugt habe, dann blättere schnell auf die nächste Seite, darin liest Du eine Story, bei der ein erwachsener X wieder in einen Y verwandelt wurde. Einfach wunderbar ... Es sind diese Stories, die meinen Job so prickelnd machen.

Ich sehe mich im Jahr 2012. Es ist Ende Oktober und der neue Jahrgang der Stammhauslehrlinge für den Ausbildungsberuf Industriekauffrau/-mann bei der „Siemens AG" hat soeben begonnen. Die Teilnehmer, welche alle mindestens das Fachabi haben, werden in den nächsten zwei Jahren firmenintern in allen Fächern nur von einem Lehrer – in diesem Fall von mir – unterrichtet. Dieses Klassenlehrerprinzip ist 2012 bei der „Siemens AG" noch fest verankert.

Vor mir sitzen 13 Auszubildende. Darunter ist eine junge Frau von 19 Jahren, die sich deutlich von den anderen Auszubildenden unterscheidet. Ich beobachte ab dem zweiten Tag der Ausbildung, dass sie sehr unglücklich ist. Jedenfalls lässt ihr Gesichtsausdruck – Angela Merkel-Mundwinkel – diesen Schluss zu. Sie zeigt überhaupt keine Begeisterung, auch keine Initiative. Aufgaben, die sie bekommt, erledigt sie deutlich unterdurchschnittlich und wenig motiviert.

Und nun kommt der Vorteil des Klassenlehrerprinzips. Es gelingt mir allmählich, in persönlichen Gesprächen mit ihr eine Offenheit zu erzeugen. Sechs Monate später, es ist März 2013, berichtet sie mir, dass sie diese Ausbildung nie wollte. Sie mache es nur wegen ihrer Eltern, die unbedingt wollen, dass sie etwas Gescheites macht. *„Kind, alles andere kannst du später immer noch machen, aber das bei „Siemens" ist deine sichere Bank."* Merkst Du Newcomer, was da passiert? Genau – ganz falsche Weichenstellung. Dies erschließt sich besonders, wenn man das Ende der Geschichte liest.

Ich merke, dass sie sich mir mit dieser Aussage schon sehr geöffnet hat und sehe ab, hier weiter zu bohren, zumal sie mir zu verstehen gibt, dass sie es jetzt durchziehen möchte. Es ist ja eine verkürzte Ausbildung und bereits ein Viertel der Ausbildung ist absolviert.

Wieder ein paar Monate später habe ich sie soweit. In einem Coaching stelle ich die entscheidende Frage. *„Sagen Sie mal, wenn Sie sich nun in Ihren Traumberuf wünschen könnten und für einen Moment alle Rahmenbedingungen und Hindernisse vergessen … Was wäre ihr Traumberuf?"*

Und jetzt kommt es. Nach dem Motto „Und sie bewegt sich doch" sehe ich in ihr zum ersten Mal, seitdem ich sie kenne, ein Funkeln in den Augen. Ein Lächeln und die Botschaft „Das ist es, was ich will", als sie zu folgender Antwort ausholt: „Ganz klar, Herr Fischer, Grundschullehrerin."

Wir müssen beide erst einmal herzhaft lachen, als wir feststellen, dass der Industriekaufmann etwas ganz anderes ist. Es wäre aber nun zu schade, wenn wir bei dieser Antwort einfach stehen bleiben würden. Wir widmen uns den Hürden und es kommt heraus, dass es sich auf eine Hürde reduzieren lässt. Sie braucht ein Abi, das Fachabi reicht nicht, um das Studium aufzunehmen. Und nun komme ich als Coach mit meinen Hausaufgaben ins Spiel. Sie soll sich bis zum nächsten Treffen informieren, wie umfangreich das Nachholen des Abiturs ist und was sie dazu konkret machen muss.

Sie rennt buchstäblich los und beschafft sich alle Informationen in kürzester Zeit. Und dann – sie sieht, dass es was zu tun gibt. Aber das Ziel motiviert sie. Gemeinsam stellen wir einen ersten Plan auf und dann … schafft sie das Abitur und beginnt danach das Studium zu ihrem Traumberuf. Ich bin dankbar, dass ich sie begleiten durfte. Zudem bin ich sicher, dass es aus heutiger Sicht nicht schadet, wenn sie als Grundschullehrerin auch ein Unternehmen kennengelernt hat. Sie kann sicherlich mit ihrer Erfahrung viele bohrende Warum-Fragen wissbegieriger Grundschüler beantworten.

Frage 13 - Wie sollte ich auf kritisches Feedback reagieren, das mir meine Mitarbeiter geben?

Erst einmal wünsche ich Dir Newcomer, dass dieser Fall schnell eintritt. Warum? Feedback ist die einzige Chance, zu erfahren, wie andere uns wahrnehmen. Nur durch ehrliches Feedback ist es möglich, zu erfahren, worin andere bei uns Defizite erkennen. Oft nehmen wir diese Defizite an uns selbst nicht wahr oder wollen sie nicht wahrnehmen. Gerne verwende ich daher auch den Begriff „Bewusstseinserweiterung" oder „Bewusstseinsentwicklung". Es liegt dann an uns, was von dem Feedback wir umsetzen wollen.

Es ist einige Jahre her, da schreibt mir ein Teilnehmer in den Bewertungsbogen folgenden Satz: „Sie sind ein guter Trainer, aber was Sie gar nicht können, sind Flipcharts. Ihre Flipcharts sehen unprofessionell und ehrlich gesagt scheiße aus. Zudem kann man nichts lesen, da Ihr Schriftbild sehr schlecht ist."

Wow, dieses Feedback sitzt. Ich sehe mich heute noch, wie ich ziemlich verärgert abends nach Hause komme und meine Frau mich fragt, was denn los sei. Ich erzähle ihr die Geschichte und sie fragt mich, ob denn was an dem Feedback dran sei. Nach einer gefühlten Ewigkeit sage ich: „Der Mann hat recht." Und was unternehme ich – ich nehme an einem zweitägigen Seminar „Visual Power" teil und zeichne meine Flipcharts jetzt anders. Das Ergebnis siehst Du überall im Buch mit meinen Flipcharts. Es erfüllt mich mit Freude, wenn Teilnehmer mir heute in den Bewertungsbogen reinschreiben: „... und übrigens, Ihre Flipcharts sind erste Sahne." Ich bin so dankbar für dieses Feedback.

Und nun das andere Extrem: Eine Mitarbeiterin berichtet mir im Rahmen eines Teamentwicklungs-Workshops Folgendes: „Wenn ich meinem Chef sage, dass er die schüchternen Mitarbeiter zu wenig einbezieht, dann erhalte ich folgende Antwort: ‚Was soll dieses Feedback, jeder kann sich doch einbringen!' Die gleiche Teilnehmerin berichtet mir dann, dass sie zukünftig kein Feedback mehr geben wird, da es immer ins Leere läuft. Eine wichtige Quelle der Bewusstseinsentwicklung versiegt somit.

Zusammenfassend:

Nimm Feedback an, bedanke Dich und entscheide – am nächsten Tag – was Du davon annimmst und umsetzen wirst.

Merk-würdig: Das notiere ich mir!

Frage 14 - Als Chef habe ich Weisungsbefugnis – ist das ein Garant für meinen Erfolg?

Die Frage könnte man auch anders stellen. Ist es leichter mit oder ohne Weisungsbefugnis zu führen? Viele meiner Newcomer-Coachees haben vor ihrer ersten „echten" Führungsaufgabe Erfahrungen als Projektleiter gesammelt. Viele haben dabei durchaus auch sehr schlechte Erfahrungen gemacht. Ich höre dann Sätze wie: „Die haben einfach ihr eigenes Ding gemacht und nicht das umgesetzt, was ich als Projektleiter kommuniziert habe."

Und jetzt? Als echte Führungskraft, ausgestattet mit Weisungsbefugnis, muss es einfacher werden. Die Weisungsbefugnis sorgt dafür, dass meine Mitarbeiter nach meiner Pfeife tanzen.

Das stimmt absolut ... damals, im 19. Jahrhundert. Zu den Zeiten der Industrialisierung. Als Arbeit Mangelware und Arbeitskräfte im Überfluss vorhanden waren, war eine solche Einstellung möglich, wenn auch damals schon für die Stimmung bei den Mitarbeitern nicht förderlich. Jeder war froh, Arbeit zu haben, und befürchtete, rausgeworfen zu werden.

Und heute ...? Jungen Menschen steht die Welt offen. Es gibt zahlreiche Unternehmen, die gutes Personal händeringend suchen. 2016 berichtet mir eine Personalreferentin unter vorgehaltener Hand: Wir stellen alles ein, was „zwei Hände" hat. Der größte Fehler, den Du als Newcomer machen kannst, ist, das Druckmittel „Weisungsbefugnis" übermäßig stark einzubringen. Du erreichst damit, dass Mitarbeiter zunächst innerlich und bisweilen später auch tatsächlich kündigen. Was bringt Dir dann Deine Weisungsbefugnis? Versteh mich nicht falsch, die Weisungsbefugnis ist Dein gutes Recht. Wenn Du sie weise einsetzt, nicht inflationär, wirst Du damit auch durchaus Wirkung erzielen können.

Ich habe noch einen anderen Tipp für Dich. Ein Coachee berichtet mir kürzlich, dass er sehr glücklich mit seiner Vorgesetzten ist. Die Antwort auf meine Frage, warum dieser Mitarbeiter so glücklich ist, ist so genial.

Ich habe Dir diese auf der nächsten Seite zusammengefasst. Sie drückt in einem Satz aus, wie man mit Weisungsbefugnis führen sollte.

„Im täglichen Miteinander merken wir nicht, dass unsere Chefin Weisungsbefugnis hat. **Meine mit Weisungsbefugnis ausgestattete Chefin führt uns stets so, als hätte sie keine Weisungsbefugnis.** Das führt zu echter Wertschätzung und Kontakt auf Augenhöhe. Sie hat es geschafft, mit dieser Art des Führens einen echten Teamgeist zu entwickeln. Trotzdem ist uns allen klar, dass sie und nur sie die Chefin ist. Sie muss nie drohen, wir alle sparen uns wertvolle Energie und haben zudem sehr viel Freude bei der Arbeit."

Merk-würdig: Das notiere ich mir!

Frage 15 - Was sollte ich bei einem Konfliktgespräch beachten?

Der Coachee, der diese Frage stellt, hat bereits etwas begriffen. Es geht nicht darum, ob man Konfliktgespräche führen muss, sondern darum, wie man sie führt. Das ist durchaus erwähnenswert, liegt es doch vielen Menschen nahe, Konflikten lieber aus dem Weg zu gehen. Das aber rächt sich bitter. Konflikte, die unter der Oberfläche schwelen, können dauerhaften, irreparablen Schaden anrichten.

Wenn Du weiterblätterst, findest Du dort eine Checkliste. Sie zeigt Dir, welche Schritte bei einem Konfliktgespräch zu beachten sind. Wenn Du Dich an sie hältst und das Gespräch planst, bist Du in Deiner Rolle als Führungskraft bestmöglich vorbereitet. Auf dieser Seite möchte ich lediglich auf einen Aspekt eingehen. Warum ich nur auf diesen einen Aspekt eingehe?

1. Weil er enorm wichtig ist für die Beziehung zu meinem Mitarbeiter und

2. Weil fast jeder meiner Führungskräfte im Seminar „Konfliktmanagement" genau diesen Fehler macht.

Gehen wir einmal davon aus, dass Dein Mitarbeiter weiß oder zumindest vermutet, warum er zum Gespräch von Dir geladen ist. Vielleicht erinnerst Du Dich, wie es Dir als Schüler ergangen ist, wenn Du was angestellt hattest und zum Lehrer musstest. Als ehemaliger Internatsschüler der Limburger Domsingknaben kann ich, im wahrsten Sinne des Wortes, ein Lied davon singen. Man fühlt sich klein. Es ist offensichtlich, dass mein Gegenüber (der Lehrer/der Chef) mir übergeordnet ist. Mit anderen Worten, es ist ein Gespräch mit ungleicher Machtverteilung.

Und was ist nun der Fehler, den Chefs begehen? Sehr oft benutzen sie folgende Sätze: „Ich habe Sie eingeladen, weil mir zu Ohren gekommen ist ..." oder „Es gab Beschwerden über Sie ..." oder auch „... man ist auf mich zugekommen."

Merkst Du was? Als Führungskraft fährst Du nun ganz großes Geschütz auf. Bildlich gesprochen ziehst Du Dir noch eine Armee von Unterstützern zur Seite. Der ohnehin schon kleine Mitarbeiter wird noch kleiner. Er muss nun fürchten, vieles, wenn nicht alles zu verlieren. Was wird er machen? Er wird – er kann nicht anders – in den Verteidigungsmodus gehen. Mehr noch, Du bist, wenn Du so agierst, keine Führungskraft, sondern bloßer Nachrichtenüberbringer. Tut mir leid, aber das ist keine Führung!

Was wäre richtig?

Wenn es schon so ist, dass andere auf Dich zukommen, dann ist es Deine Pflicht, Dir selbst ein Bild zu machen. Wenn Du dann zum gleichen Schluss kommst wie Deine Mitarbeiter, dann führe das Gespräch und sende dabei ausschließlich Ich-Botschaften. Du kannst starten mit: Ich mache mir Sorgen über Sie ... Ich habe wahrgenommen, dass ...

Und dann? ... Pause und WARTEN, bis Dein Mitarbeiter etwas sagt und sich öffnet. Es ist die einzige Möglichkeit, dass sich in einem solchen Gespräch so etwas wie Vertrauen und eine Offenheit einstellt.

Und nun schaue Dir die Checkliste an und nutze sie. Viel Freude und Erfolg dabei.

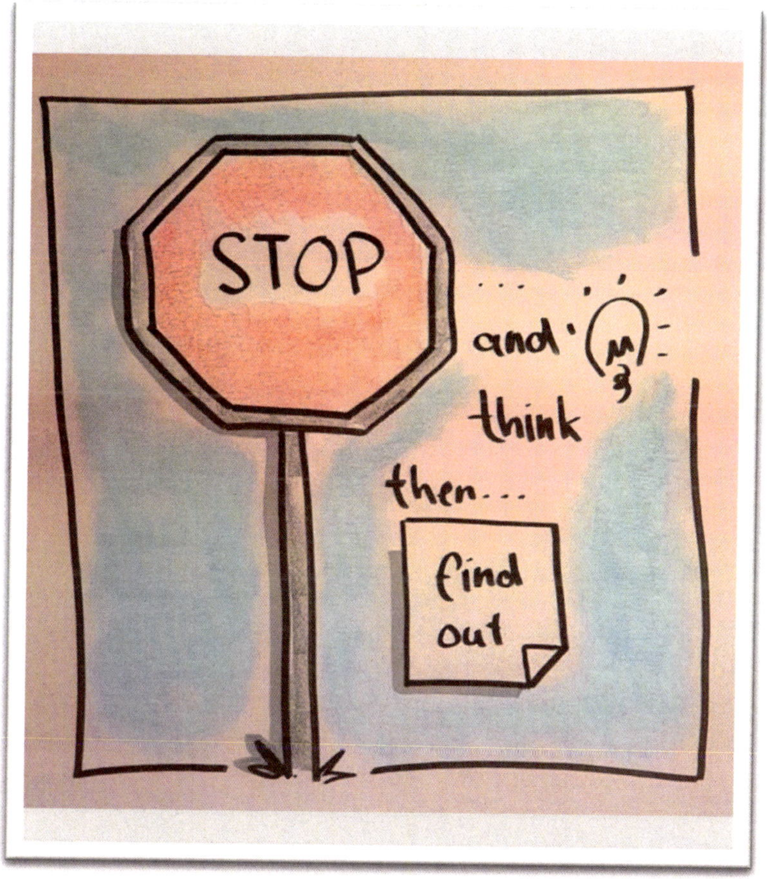
STOP
... and think
then...
find out

Checkliste für ein erfolgreiches Konfliktgespräch:

1. Ausgangslage schaffen für eine gute Gesprächskultur
2. Anmeldung des Anliegens mittels Ich-Botschaften (Siehe Ausführungen der Vorseiten)
3. Problemanalyse durchführen, dabei beide Sichtweisen zur Sprache bringen
4. Lösungsvorschläge erarbeiten lassen
5. Einigung auf die beste Lösung
6. Nachhalten/ Überprüfung und ggf. wieder bei 1 beginnen

Frage 16 - Kann ich es schaffen, schlagfertiger zu werden?

Diese Frage stellte mir ein Coachee, der sich regelmäßig in Meetings befindet, wo es ganz schön zur Sache geht. In der Tat ist ein rauer und ruppiger Umgangston dort die Regel und nicht die Ausnahme. Er selbst ist vom Typ her zurückhaltend und bescheiden. Eher schluckt er etwas herunter, als verbal zu reagieren und damit dem Gegenüber Grenzen aufzuzeigen.

Und hier sind wir genau beim Thema. Die Frage „Kann ich schlagfertiger werden?" kann übersetzt werden mit „Wie zeige ich im richtigen Moment meinem Gegenüber Grenzen auf?" Der besagte Coachee kam für drei Sitzungen zu mir und wir übten jede denkbare Situation. Auch klärten wir, was schlagfertig ist und was nicht. Zwei Bedingungen müssen erfüllt sein, damit etwas schlagfertig ist. Es muss erstens **zeitnah** und zweitens **passend** sein.

In meinen Trainings zitiere ich gerne Churchill und die berühmte Begebenheit zwischen ihm und Lady Nancy Astor. Als die beiden sich fortlaufend bei einem gemeinsamen Wochenende mit Freunden streiten, sagt sie zu Churchill: „Wenn ich Ihre Frau wäre, würde ich Gift in Ihren Tee mischen." Daraufhin erwidert er trocken: „Wenn Sie meine Frau wären, würde ich ihn trinken."

In meinen Trainings vermeide ich es von der Churchill-Methode zu sprechen. Warum? Weil dann viele sagen: „Ja klar, der war ja auch nicht umsonst so ein hoher Politiker. Der kann es halt." Aber ehrlich gesagt, die Methode, die Churchill anwendet, ist so simpel. Ich nenne sie die **Copy & Paste-Methode**. Denn genau das ist sie. Und sie lässt sich verblüffend oft anwenden. Warum Copy & Paste? Weil Churchill 1:1 die Information von Lady Nancy Astor nutzt und weiterverarbeitet. Die Aussage „Wenn ich Ihre Frau wäre …" hat die logische Konsequenz, dass in dem

Fall Churchill Lady Astors Ehemann wäre. Und jetzt muss man nur noch genau das machen, was einem serviert wird. Du glaubst es noch nicht? Dann möchte ich Dir beweisen, dass es funktioniert. Mein Coachee hat es in einer dieser berühmt ruppigen Meetings angewendet. Damit hat keiner gerechnet. Wichtiger noch: Die Grenzen sind aufgezeigt und werden respektiert.

Was war passiert? In einem der Projektmeetings sagte der Projektleiter zu meinem Coachee, der bei dem Projekt mitarbeitete, folgenden Satz: „Wenn Sie mein Mitarbeiter wären, dann hätte ich Sie schon längst auf den Mond geschossen."

Versuche es mal selbst… **Copy** (und wenn Sie mein Chef wären)… **& Paste** (dann würde ich in das Raumschiff als Erster einsteigen) … na, das sitzt. Das Thema sprengt ein wenig dieses Kapitel. Aber ein Gedanke noch. Wenn Copy & Paste nicht geht, dann versuch es mit Zustimmung. Sag einfach: Da haben Sie völlig recht. Damit rechnet keiner und es sitzt. Wenn beispielsweise ein Projektleiter sagt: Hier sind ja nur Idioten im Raum … dann einfach sofort sagen: Da haben Sie völlig recht. Ganz wichtig ist, ihm dabei tief in die Augen schauen. Genial.

Zusammenfassend:

Wende Copy & Paste an, indem Du das Gesagte 1:1 verwendest. Alternativ gib Deinem Gegenüber völlig überraschend recht. Damit rechnet er nicht!

Schlagfertigkeit kann jeder lernen
20:15
Frau Müller, abends werden die Faulen fleißig
Ach Herr Maier, Sie wollten noch arbeiten?

Frage 17 - Ein Mitarbeiter ist krankheitsbedingt viele Monate ausgefallen. Nächste Woche ist sein erster Arbeitstag. Was soll ich tun?

In einer Zeit, die immer mehr von uns Menschen abverlangt, die uns bisweilen auch an unsere Leistungsgrenzen führt, ist das Thema Erkrankung allgegenwärtig. Im vorliegenden Fall stellt mir der Coachee diese Frage, weil er mit so einer Situation noch nie konfrontiert gewesen ist. Gleichzeitig handelt es sich um einen Mitarbeiter, der bis zu seiner krankheitsbedingten Abwesenheit zu den überdurchschnittlich engagierten und kompetenten Mitarbeitern gehört hat.

Im Coaching stelle ich dem Newcomer folgende Fragen:

- Wie fühlt es sich für den zurückkehrenden Mitarbeiter an, nach so langer Zeit erstmalig wieder am Arbeitsplatz zu erscheinen?
- Welche Befürchtungen hat er?
- Welche Ängste?
- Was kann ihm eine Stütze in den nächsten Wochen und Monaten sein?

Durch diesen Perspektivwechsel gelingt es meinem Coachee, sich optimal und einfühlsam auf das erste Gespräch nach so langer Zeit vorzubereiten. Stell auch Du Dir diese Fragen, bevor Du ein Rückkehrgespräch führst. Übrigens, vermeide den Begriff Krankenrückkehrgespräch (Du willst ja nicht, dass ein Kranker zurückkehrt) und wenn Du es ganz positiv ausdrücken willst, dann lade ihn zu einem Willkommensgespräch ein.

Ich verzichte an dieser Stelle auf eine ausführliche juristische Betrachtung eines solchen Gesprächs. Auch das Thema Betriebliches Wiedereingliederungsmanagement bietet hier viele konstruktive Ansätze zur Unterstützung des Rückkehrers.

Generell gebe ich Dir folgenden Hinweis mit: Vermeide Fragen, die ins Private gehen. Achte auf den betrieblichen Bezug; so ist es durchaus legitim, die Frage zu stellen, ob eine Erkrankung betriebliche Ursachen hat.

Und nun möchte ich zum Punkt kommen, der Dir helfen soll, ein Willkommensgespräch zu führen. Mitarbeiter, die längere Zeit ausgefallen sind, haben vor allen Dingen Angst und gleichzeitig Respekt vor der Rückkehr und vor in der Zwischenzeit erfolgten Veränderungen. Sie haben also ein echtes Informationsdefizit, teilweise gepaart mit echter Rückkehrangst.

Du machst die Sache richtig gut, wenn Du dem Rückkehrer die Angst nimmst und ihn informierst über Änderungen, bevor er zurück an den Arbeitsplatz geht. Sei, sofern gewünscht, auch in den nächsten Wochen für ihn da und unterstütze ihn!

Frage 18 - Gibt es ein Wort, dass ich aus meinem Wortschatz verbannen sollte?

Oh ja, das gibt es! Dieses Wort ist eine Krankheit. Gefühlt ist fast jeder zweite Newcomer, den ich in meinen Seminaren und Coachings antreffe, davon betroffen. Dieses Wort ist nicht nur unnötig, es stellt auch alles in den Schatten. Auch wenn ich es nur als Füllwort nutze: Worte haben Wirkung.

Wenn Du wissen möchtest, wie dieses Wort heißt und was Du tun kannst, um es aus Deinem aktiven Wortschatz zu verbannen, dann begib dich schnell auf die nächste Seite.

Und wenn Du Dich in einem meiner Trainings einfinden solltest, dann ist es gut möglich, dass dieses Wort zum Running Gag wird – spätestens danach wirst Du in der Lage sein, es aktiv zu steuern.

Das Wort heißt: **Eigentlich**.

Dieses Wort ist so furchtbar! Lass mich Dich bitte überzeugen, wenn Du nicht ohnehin schon überzeugt sein solltest. Ich bringe Dir zwei Beispiele. Eines aus dem Privatleben und eines aus meiner Praxis als Führungskräftecoach.

- Privatbeispiel:

Wenn ich zu meiner Frau folgenden Satz sage: „Schatz, eigentlich habe ich Dich lieb …" – wie, glaubst Du, geht das Gespräch danach weiter?

- Berufsbeispiel:

Einer meiner Coachees aus dem höheren Management gab an, er setze alles dran, um seinen Mitarbeitern gegenüber Wertschätzung zu zeigen. Er würde auch verbal Anerkennung aussprechen. Trotzdem würde es ihm nicht gelingen, seine Mitarbeiter zu motivieren. Nun sitzt er bei mir im Coaching und ich bitte ihn um eine Kostprobe in Echtzeit. Ich frage ihn, welcher seiner Mitarbeiter kürzlich eine gute Leistung abgeliefert hat. Ohne zu zögern erwähnt er einen Mitarbeiter, der ihm erst gestern einen Entwurf hat zukommen lassen. Dieser sei richtig gut.

Nun fordere ich ihn auf, den Mitarbeiter anzurufen und ihm gegenüber am Telefon diese Anerkennung auszusprechen. Jetzt werde ich Zeuge von einer sogenannten Anerkennung, die diesen Namen sicherlich nicht verdient. Halt Dich fest, was jetzt kommt, versuche Dich dabei in die Lage des Mitarbeiters zu versetzen, der diese "Anerkennung" ausgesprochen bekommt. Mein Coachee ruft den Mitarbeiter an und spricht folgenden Satz aus: „Herr Müller, ich wollte Sie noch sprechen, Sie haben mir ja gestern einen Entwurf zukommen lassen. Ich muss sagen, das haben Sie JETZT EIGENTLICH GAR NICHT MAL SO SCHLECHT GEMACHT."

Mir wird übel und der Mitarbeiter tut mir jetzt schon leid. Lass es Dir mal auf der Zunge zergehen. Das hast Du jetzt eigentlich gar nicht mal so schlecht gemacht. Wow, was heißt das? Ansonsten ist meine Arbeit eher schlecht, gestern hatte ich wohl eine einmalige Sternstunde.

Verrückt ist, dass mein Coachee nach dem Telefonat diesen Mitarbeiter erneut wirklich wertschätzt. Da fallen Sätze wie: *Das ist mein bester Mann. Auf den kann ich mich immer verlassen, er ist eine tragende Stütze. Das hat er richtig gut gemacht, ich ziehe meinen Hut vor ihm.*

Merkst Du was?

Verbanne das Wort EIGENTLICH aus Deinem Wortschatz und sprich Anerkennung zeitnah mit positiven Worten aus. Eine Verneinung wie zum Beispiel das Wort „nicht" kann unser Unterbewusstsein nicht speichern. Kostprobe: Denke nicht an einen roten Osterhasen. Der Anfang ist herausfordernd – Du kannst jemanden aktiv bitten, Dich sofort zu unterbrechen, wenn Du das Wort sagst. Bereitest Du eine Präsentation vor, so nimm die Tonspur auf und höre danach kritisch das von Dir Gesagte ab. Das Wort EIGENTLICH wird dann immer mehr in Dein Bewusstsein drängen und Du wirst damit beginnen, es besser zu kontrollieren.

Frage 19 - Soll ich mit meinen Mitarbeitern eine Teamentwicklung durchführen, es läuft doch alles ganz gut?

Ich wohne im schönen Schwäbischen. Wir leben als Familie sehr gerne in dieser von Gott gesegneten Gegend. Wenn man sich bei uns im Ort umschaut, sieht man gepflegte Gärten und prachtvolle Häuser. Allesamt voll in Schuss.

Wenn man „Schaffe, schaffe, Häusle baue" live erleben will, muss man einfach durch den Ort spazieren. Es fällt auf, dass viele Arbeiten, die verrichtet werden, als präventiv anzusehen sind. Lange bevor etwas im Argen liegt, wird es auf don neuesten Stand gebracht. Der Gartenzaun, der sicherlich noch 2 Jahre gut ausgesehen hätte, wird abgeschliffen und neu lackiert. Dieser vorausschauenden Art ist es zu verdanken, dass alles glänzt und Freude macht.

Auch in anderen Lebensbereichen ist es für uns selbstverständlich, zu handeln, bevor etwas Schlimmes passiert. Wenn wir regelmäßig Vorsorge bei unserem Hausarzt betreiben, wollen wir sicherstellen, dass alles in Ordnung ist und ggf. rechtzeitig gegensteuern.

Was haben diese beiden Beispiele gemeinsam? Nun, es geht um wichtige Bereiche unseres Lebens. Um unser Zuhause und unsere Gesundheit. Merkst Du was, etwas fehlt noch, oder? Es ist zudem etwas, das uns bisweilen zeitlich mehr in Anspruch nimmt als unser Privatleben. Richtig, das Berufsleben. Viele Stunden unseres Lebens verbringen wir mit unseren Kollegen und Mitarbeitern. Wenn da erst einmal der Wurm drin ist, wird es langwierig. Auch solche Fälle durfte ich begleiten. Es ist aber durchaus anspruchsvoller und bedarf neben Workshops einer intensiven Begleitung der Teammitglieder.

Daher meine Antwort:

Teamentwicklung von guten Teams ist die „Gesundheitsvorsorge" der Zusammenarbeit. Mit einem starken Immunsystem ausgestattet, kann das Team aufkommende Probleme frühzeitig erkennen und zur Zufriedenheit aller lösen. In so einem Team macht es Freude zu arbeiten. Worauf wartest Du?

Merk-würdig: Das notiere ich mir!

Frage 20 - Wie gehe ich mit Handysucht um? Speziell in Meetings?

Willkommen im Zeitalter der Handysucht! Als Trainer habe ich mich anfangs gefragt, wie ich das Thema angehen soll. Ich habe dann ein eigenes Plakat mit den „Trainingsregeln" gemalt. Darauf ist ein durchgestrichenes Handy zu sehen, das ein Handyverbot ausdrücken soll. Rate mal, wie erfolgreich das war? Genau, überhaupt nicht.

Irgendwann hat es dann bei mir Klick gemacht und ich habe das Thema Handy für mich völlig anders einsortiert. Die Nutzung von Handys in meinen Seminaren ist ein Spannungsbarometer, das mir sofort gnadenlos Feedback gibt. Greifen viele meiner Teilnehmer in meinen Trainings zum Handy, dann bin ich mit meinem Thema nicht gut genug. Umgekehrt: Wenn Handys auf dem Tisch liegen, also jederzeit griffbereit wären, aber die Teilnehmer nicht darauf zurückgreifen, dann mache ich meine Sache als Trainer gut.

Ich sage das auch völlig unabhängig davon, ob die Handynutzung privater oder dienstlicher Natur ist.

Nun übertrage ich es auf die Situation meines Coachees. Er gibt an, dass ein Teil der Mitarbeiter es dienstlich nutzt. Darüber hinaus kann er nicht ausschließen, dass auch die ein oder andere private Chat-Nachricht während Meetings versendet wird. Merkst Du was?

Es ist egal, welche Nutzung hier im Vordergrund steht. Ist sie dienstlich, dann gibt es wohl Wichtigeres als das Meeting. Braucht es dann die Teilnahme der betreffenden Personen? Ist es privat – mal davon abgesehen, dass wir es dann nicht mit einer gesunden Arbeitseinstellung zu tun haben – dann bin ich vermutlich mit meinen Themen nicht spannend genug. Also zeigt es auch mir als Chef an, ob ich meine Mitarbeiter mitreiße.

Eine humorvolle Art und Weise, Handys zu unterbinden, ist das Handygefängnis. Das kann jeder günstig erwerben. Wie ein richtiges Gefängnis hat es Gitterstäbe. Die Suchtkranken haben also noch Sichtkontakt mit dem Handy und wissen, dass es ihm gut geht.

Auf den Punkt gebracht:

Sieh die Handynutzung als ein Stimmungsbarometer an. Es zeigt Dir, ob Du auf dem richten Weg bist (wenn keiner zum Handy greift) oder eben nicht. Darüber hinaus kannst Du es mal mit dem Handygefängnis versuchen. Viel Freude dabei!

Merk-würdig: Das notiere ich mir!

Frage 21 - Einer meiner Mitarbeiter hatte einen privaten Schicksalsschlag. Was soll ich tun?

Ich war beruhigt, dass der Coachee, der mir diese Frage gestellt hat, mir zu verstehen gab, dass dieser Schicksalsschlag sich erst einen Tag zuvor ereignet hatte. Warum? Vielleicht kennst Du das? Es gibt Situationen im Leben, bei denen gilt: Entweder sagst oder unternimmst du zeitnah etwas oder aber du lässt es für immer bleiben.

Auch hier lade ich Dich zu einem Perspektivwechsel ein. Ein privater Schicksalsschlag bedeutet, dass eine ganz wichtige Säule des Lebens wegbricht. Wie geht es Deinem Mitarbeiter? Welche Sorgen hat er? Was kann ihm helfen?

Um im Bild zu bleiben: Wenn eine Säule wegbricht, müssen die übrigen Säulen gestärkt werden, damit sie die Belastung aushalten. Anteilnahme zu zeigen ist auch eine Form der Wertschätzung. Sie macht dem Mitarbeiter deutlich, dass er dem Chef nicht egal ist. Mehr noch, sie schafft es in schwierigen Zeiten in Kontakt zu bleiben und das Verhältnis zum Mitarbeiter auszubauen. Hilfe anzubieten zeigt zudem, dass es nicht nur warme Worte sind, sondern den Worten auch, sofern der Mitarbeiter es wünscht, Taten folgen.

Was das zusammenfassend bedeutet:

Gute Führungskräfte schaffen es, Kontakt zeitnah aufzubauen, Anteilnahme auszudrücken und Hilfsangebote konkret anzusprechen. Wichtig ist, dass die Entscheidung des Mitarbeiters, ob und welche Hilfe er annimmt, unbedingt zu akzeptieren ist.

Frage 22 - Ein langjähriger Mitarbeiter des Unternehmens ist plötzlich anders. Die Performance stimmt, aber er erscheint zunehmend ungepflegter. Was nun?

In meinen Seminaren setze ich gerne ein Tool ein, welches den Perspektivwechsel ermöglichen kann. Der Coachee, der mich mit dieser Frage konfrontiert, wird von mir zu einem solchen Perspektivwechsel eingeladen.

Das bedeutet: Wir versetzen uns in die Lage des Mitarbeiters. Allein die Tatsache, dass dieser ein langjähriger Mitarbeiter ist, lässt einige Schlüsse zu. Der Mitarbeiter hat offensichtlich ein hohes Maß an Loyalität. Die Arbeit und speziell die Arbeit beim Unternehmen bedeutet ihm einiges. Auch jetzt, wo er zunehmend ungepflegter wirkt, erscheint er pünktlich zur Arbeit und erledigt diese auch weiterhin sehr gut.

Wenn man davon ausgeht, dass ein Mensch zwei wichtige Säulen hat – nennen wir sie Privatleben und Berufsleben – dann ist davon auszugehen, dass bei diesem Mitarbeiter eine Säule Schaden genommen hat. Welche Säule, glaubst Du, ist das? Mach Dir erst ein paar Gedanken dazu, bevor Du weiterliest.

Das Lebenshaus des Mitarbeiters ist in eine Schieflage geraten. Die Tatsache, dass die Performance des Mitarbeiters weiterhin stimmt, lässt den Schluss zu, dass die Säule „Privatleben" einen Schaden genommen hat.

Warum? Der Mitarbeiter setzt offenbar alles daran, dass nicht auch die zweite Säule „Berufsleben" ins Wanken gerät. Offenbar läuft in seinem Privatleben einiges nicht mehr nach Plan, denn selbst die „Basics" wie „sich ordentlich anzuziehen" scheinen ihm nicht möglich zu sein.

Vielleicht siehst Du, dass es durchaus Sinn macht, sich Gedanken zu machen, bevor man in irgendeiner Art und Weise urteilt. Im konkreten Fall entscheidet sich der Newcomer wie folgt. In Sorge geht er auf seinen Mitarbeiter zu und schafft es, eine vertrauensvolle Atmosphäre aufzubauen.

Und da passiert es: Der Mitarbeiter öffnet sich und gibt an, dass seine Frau ihn auf die Straße gesetzt hat. Seitdem verweilt er ein paar Tage bei Freunden, um dann weiterzuziehen. In dieser Situation hilft der Newcomer, indem er mit dazu beiträgt, dass wieder Stabilität einkehrt. Für zwei Wochen wird ein Hotelzimmer angemietet und die Zeit genutzt, eine dauerhafte Bleibe zu finden.

Merk-würdig: Das notiere ich mir!

Frage 23 - Wie gebe ich meinen Mitarbeitern gute Ziele?

Dies ist für mich eine der wichtigsten Fragen. Vielleicht sogar die Wichtigste überhaupt. Aber erst einmal: Gratulation, dass Du Dir diese Frage stellst. Sie zeigt: Du machst Dir Gedanken um Deine Mitarbeiter und damit sind wir wieder beim Thema Wertschätzung. Du stellst auch die Frage nach GUTEN Zielen. Es geht Dir also nicht darum, den Faktor Mensch irgendwie zu verwalten, sondern ihn zu fördern und nach vorne zu bringen.

Perspektivwechsel:

Welches Deiner Ziele, die Du bisher im Leben verfolgt hast, ist Dir noch besonders positiv in Erinnerung?

Wie hat sich dieses Ziel auf Dein Leben ausgewirkt?

Welchen Einfluss hatte dieses Ziel auf Deinen Alltag, Deine Stimmung?

Welche Stärken hat dieses Ziel gefördert?

Warum ist Dir gerade dieses Ziel in Erinnerung geblieben? Wenn meine Coachees sich auf diese Fragen einlassen, dann erlebe ich häufig ein Funkeln in den Augen. Plötzlich beginnt etwas zu leuchten und es ist beeindruckend zu beobachten, wie glücklich die Menschen sind. Das Besondere dabei: Nicht nur die Erreichung des Ziels ist mit Freude und einem Gefühl von Glück verbunden, sondern auch der Weg dahin. Gerade wenn der Weg dahin steinig war, ist zusätzlich eine (verdiente) Portion Stolz zu spüren. Die meisten Coachees berichten mir auch, dass sie deshalb motiviert waren, weil sie sich selbst dieses Ziel gesteckt hatten.

Wenn Du den obigen Fragen nachgegangen bist, dann ist Dir sicherlich noch einmal bewusst geworden, welche Kraft gute Ziele haben. Gleichzeitig zeigt es Dir aber auch, welche Verantwortung Du hast.

Und nun kommt mein Vorschlag. Er mag vielleicht nicht bei jedem Mitarbeiter funktionieren, aber sicherlich bei denen, die noch etwas erreichen wollen. Du solltest bei meinem Vorschlag sehr vorbereitet vorgehen, denn es kann sein, dass es den ein oder anderen Mitarbeiter überfordert. Auch kann es hilfreich sein, das Gespräch an zwei getrennten Terminen durchzuführen. Zwischen den beiden Terminen kann Dein Mitarbeiter seine Gedanken präzisieren. Wenn dann etwas zurückkommt, weißt Du, dass Dein Mitarbeiter voll dahintersteht. Kommt nichts zurück, dann sagt das auch etwas über die Arbeitseinstellung aus.

Delegiere die Verantwortung, indem Du Deinen Mitarbeiter fragst, welche Ziele er sich selbst für das kommende Jahr setzt. Damit erfährst Du, wie gesund die Arbeitseinstellung Deines Mitarbeiters ist, und gleichzeitig, wie realistisch seine Vorhaben sind. Passen seine Ziele zudem zu Deinen Erwartungen, passt alles und Du kannst Dir des Commitments Deines Mitarbeiters sicher sein. Und wenn nicht? Dann darfst und musst Du nachjustieren.

Frage 24 - Einer meiner Mitarbeiter ist Perfektionist. Es dauert ewig, bis ich was bekomme. Was kann ich tun, damit dieser Mitarbeiter schneller Arbeiten erledigt?

Zwei Fragen an Dich vorweg.

Was ist die größte Angst des Perfektionisten? Wann ist der Perfektionist mit einer Aufgabe fertig?

Die Antwort auf diese beiden Fragen ist so essenziell! Bitte blättere erst weiter, wenn Du für Dich eine Antwort gefunden hast. Du findest darin auch eine Kommunikationsstrategie, die Dir dabei hilft, schneller Ergebnisse Deines Mitarbeiters zu erhalten.

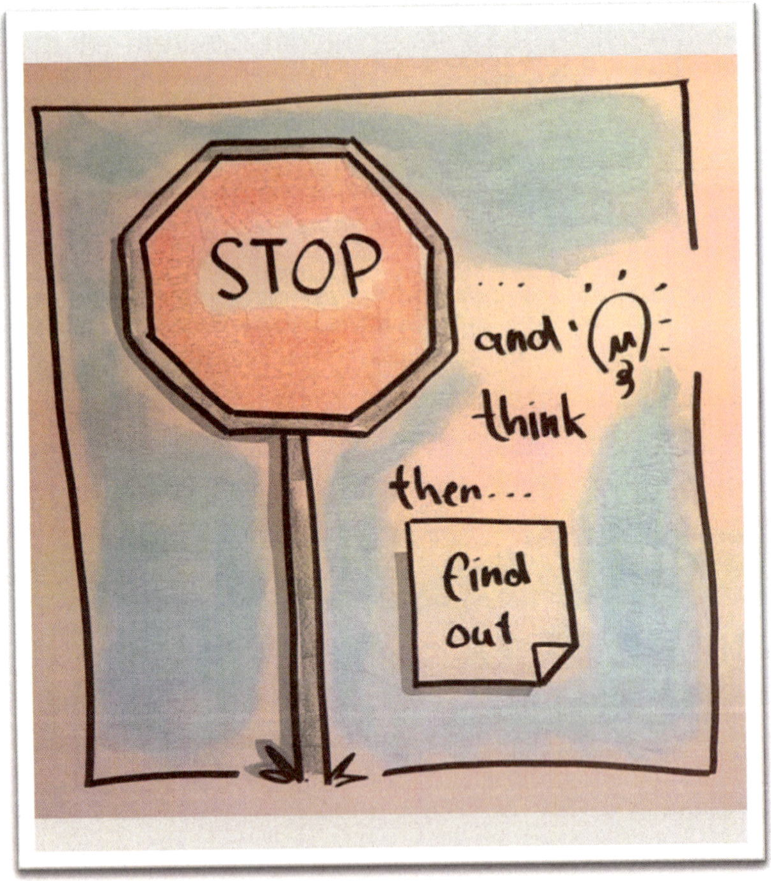
STOP
... and
think
then...
find out

Die Antwort auf die erste Frage lautet: Fehler.
Die Antwort auf die zweite Frage lautet: Nie.

Es ist wichtig, diese Antworten zu kennen. Nur mit diesen beiden Antworten im Gepäck kannst Du angemessen reagieren.

Zu Antwort eins fällt mir ein Coachee ein, der kurz vorm Burn-Out steht. Diese Person ist Assistent von sechs Chefs. Die sechs Chefs haben dringend ein Coaching empfohlen. Und nun kommt es: Der Coachee zeigt mir als Erstes seinen Schreibtisch. Darauf zu sehen: sechs große Stapel. Ich frage: „Was ist das?" Antwort: „Das ist die Arbeit, die ich für die sechs Chefs zu erledigen habe." Frage von mir: „Warum türmt sich das hier so?" Antwort: „Es ist ja noch nicht fertig. Ich muss alles noch mal durchgehen und auf Fehler überprüfen."

Die Hausaufgabe von mir: „Kaufen Sie sich einen Stempel, auf dem ‚Entwurf' steht, kennzeichnen Sie mit dem Stempel alle Dokumente und geben den Entwurf als solchen morgen ab." Für den Perfektionisten ist es wichtig, dass er noch Spielraum hat. Das Wort Entwurf bedeutet, dass es noch nicht final ist und somit durchaus Fehler noch vorkommen können.

Am nächsten Tag ist es soweit und unser Perfektionist stempelt jede Vorder- und jede Rückseite. Vermutlich ist er den ganzen Vormittag damit beschäftigt. Dann, es ist Mittag, gibt er alle Dokumente an die sechs Chefs. Die Reaktion der Chefs: Erstens positiv überrascht und zweitens absolut zufrieden mit der Qualität der Arbeit. Die Person stempelt übrigens noch die nächsten drei Monate, bis sie erkennt, dass das nicht mehr nötig ist. Win-win für alle.

Und nun zu Dir und Deinem Anliegen: Wenn Du einen Perfektionisten hast, ist es Deine Aufgabe, ihm eine Brücke zu bauen, damit er am normalen Betriebsleben auch teilnehmen kann. Vermeide Wörter wie: Ergebnis, Final, Qualität, Anspruch.

Stattdessen verwende, wenn Du etwas von einem Perfektionisten zeitnah haben möchtest, Wörter oder Phrasen wie Entwurf, grob, erste grobe Einschätzung, Annahme, Gedanken, These.

Zusammenfassend:

Wenn Du von einem Perfektionisten etwas haben möchtest, dann sag doch einfach: Du ... ich bräuchte von Dir bis morgen 13 Uhr einen ersten groben Entwurf.

Merk-würdig: Das notiere ich mir!

Frage 25 - Ein Mitarbeiter, der es schafft, sehr motivierend auf seine Kollegen einzuwirken, liebt es, mich in Gespräche über Gott und die Welt zu verwickeln. Darüber hinaus stelle ich fest, dass seine Arbeitsqualität nicht immer gut ist. Was soll ich tun?

Der Coachee, der mir diese Frage stellt, spricht zunächst einmal sehr positiv über den Mitarbeiter. So gelingt es dem Mitarbeiter, seine Kollegen auch in schwierigen Zeiten zu motivieren. Durch seine aufbauende Art schafft er es, andere aus einem Leistungstief zu ziehen bzw. präventiv einem möglichen Leistungstief vorzubeugen.

Vielleicht hast auch Du mit solchen Charakteren zu tun. Böse Zungen behaupten: Da ist er wieder, der Clown, unser personifizierter Humor. Ja, und dann kommt da auch schnell die Schattenseite. Der Humor auf der einen Seite, die mangelnde Seriosität auf der anderen Seite. Damit verbunden das Ergebnis, welches einiges zu wünschen übrig lässt.

Was nun? Der Schlüssel zum Erfolg liegt in folgendem Satz: Erst die Arbeit, dann das Vergnügen. Was meine ich? Es wäre fatal, dem Mitarbeiter solche Gespräche gänzlich zu untersagen. Sie sind Teil seiner Persönlichkeit, mit allen Vor- und Nachteilen. Aber ich kann sie vielleicht besser nutzen.

Im vorliegenden Fall ist es wohl so, dass der Mitarbeiter sehr gerne donnerstags um 15 Uhr mal "kurz" vorbeischaut und mit meinem Coachee über Gott und die Welt redet. Schnell vergehen so bis zu 30 Minuten. Und jetzt kommt die Idee. Plane diese "Meetings" aktiv, indem Du zum Beispiel eine Termineinladung schickst. So kannst Du zum Beispiel für die nächsten vier Donnerstage jeweils um 15 Uhr bis 15.30 Uhr einladen. Und nun kommunizierst Du ganz offen mit Deinem Mitarbeiter, indem Du Folgendes sagst: Wir treffen uns in der nächsten Zeit immer um 15 Uhr. Ich möchte, dass Du mir dann kurz Deine Arbeitsergebnisse der Woche vorstellst. Wenn ich keine Rückfragen habe, können wir das Meeting nach 5 Minuten beenden und haben die restliche Zeit für einen netten Plausch.

Mein Coachee hat das drei Monate durchgezogen. Im ersten Monat war die ganze halbe Stunde gefüllt mit Fragen und Anmerkungen. Warum? Weil die Qualität nicht gut war. Das hat den Mitarbeiter so gewurmt, dass er mehr in die Qualität investiert hat. Und jetzt? Es hat sich eingependelt. Das offizielle Meeting dauert zischen 10 und 15 Minuten. Danach wird ein Kaffee getrunken. Er ist weiterhin motiviert und die Arbeitsqualität hat deutlich angezogen. Eben erst die qualitativ hochwertige Arbeit, dann das Vergnügen.

Zusammenfassend:

Gib Raum für „Gott und die Welt"- Gespräche erst dann, wenn die Arbeitsqualität stimmt. Damit belohnst Du eine gute Arbeitsweise, zeigst Anerkennung und genießt sicherlich auch den gemeinsamen Kaffee.

Frage 26 - Ich habe einen stillen Mitarbeiter, der extrem gute Ideen hat, diese aber zu selten einbringt. Was kann ich tun?

Gerne denke ich an dieses Coaching zurück. Was ich dort begleitet habe, kenne ich auch von vielen Teamtrainings. Es sind die Charaktere im Team, die eher zurückhaltend und bisweilen auch übermäßig vorsichtig agieren. Sie machen lieber anderen Platz, als sich selbst Gehör zu verschaffen.

Mit solchen Charakteren konfrontiert, denke ich oft Folgendes: Stille Wasser sind tief. Oh ja, denn wenn eine solche Person ins Reden kommt, dann sind oft die anderen Beteiligten von dem Tiefgang und dem Fachwissen des Mitarbeiters extrem positiv überrascht. Gleichzeitig denke ich: „Gut, dass es auch stillere Personen gibt, die vor allen Dingen gut zuhören können." Aber warum? Wenn alle mitreden, haben wir es mit den vielen Köchen zu tun, die ja bekanntlich den Brei verderben. Außerdem ist es der Beobachtung zu verdanken, dass solche stille Personen Dinge wahrnehmen, die von enormer Wichtigkeit sind.

Im vorliegenden Fall versuchen wir uns in die Person hineinzuversetzen. Schnell wird im Coaching klar, dass die Person im direkten Dialog mit dem Chef offener ist. Sie scheint zu denen zu gehören, die besonders ein Problem damit haben, vor „versammelter Mannschaft" zu sprechen. Hinzu kommt, dass die Person besser in der schriftlichen Kommunikation als im mündlichen Vortrag ist.

Wie kann die Lösung aussehen? **Der Newcomer bittet den Mitarbeiter, Ideen zu den nächsten Projektschritten auszuarbeiten und ihm als Chef einen Tag vor dem Projektmeeting zuzusenden. Da der Coachee begriffen hat, dass Wertschätzung das A und O ist, hat er die Ideen von der Person auch eindeutig dieser Person zugeordnet, wenn** er sie im Projektmeeting vorstellt. Diese Anerkennung wirkt sich beim stillen Mitarbeiter positiv aus. Sein Selbstbewusstsein wird gestärkt. Und in einem ersten Entwicklungsschritt gelingt es dem Chef, den Mitarbeiter bei Rückfragen zu seinen Ideen im Projektmeeting einzubinden.

Das ist Personalentwicklung. Wie schön!

Merk-würdig: Das notiere ich mir!

Frage 27 - Mein Leistungsträger hat gekündigt, wie kann ich ihn dazu bringen, seine Entscheidung zu revidieren, damit er in meinem Team bleibt?

Diese Frage ist so wichtig, dass ich ihr zum ersten und einzigen Mal in meinem Buch gleich mehrere Seiten widme. Wenn Du die nächsten Seiten aufschlägst, findest Du dort ein Rezept, wie man damit umgehen kann. Ich habe das Gefühl, dass dieses Rezept erläutert werden muss, damit Du es auch 1:1 anwenden kannst.

Daher – blättere erst die nächsten Seiten auf und studiere das darin enthaltene Rezept sorgfältig. Danach bitte ich Dich, die Erläuterungen auf den anschließenden Seiten durchzulesen.

Da guckst Du in die Röhre, was? Ja, die Blätter waren leer. Bitte nicht beim Verlag anrufen und ein Ersatzexemplar mit dem Hinweis einfordern, dass Dir vorliegende Buch wäre eine Mangelproduktion. Ja, ich habe es leer gelassen. Warum?

Dein Mitarbeiter hat gekündigt. So eine Entscheidung trifft niemand einfach so. Er wird es sich gut überlegt haben. Und jetzt: Er ist mit dem Kopf vermutlich wo? Ja genau – woanders! Es stimmt wirklich, Reisende soll man nicht aufhalten.

Diejenigen, die das dennoch gemacht haben, sind kläglich gescheitert. Stell Dir doch einfach vor, Dir gelingt es, ihn umzustimmen. Vielleicht lockst Du ihn mit einer interessanten Aufgabe. Vielleicht stellst Du ihm einen anderen Benefit in Aussicht. Wer weiß? Aber jetzt wird er bei allem, was nicht perfekt läuft, denken: „Ach, hätte ich doch nur gewechselt." Er wird nicht der Gleiche sein. Ich kenne Fälle, wo nach einer „erfolgreichen" Überzeugungsaktion dieser Mitarbeiter nicht mehr eine tragende Säule war, sondern im schlimmsten Fall sogar ein echter Miesepeter. Auf Wiedersehen, Teamgeist!

Und das schönste Beispiel aus meiner Tätigkeit:
Das war ein Newcomer, der nach folgendem Grundsatz gehandelt hat: **Reisenden sollte man für Ihre (Auto-)Fahrt Proviant und Sprit mit auf den Weg geben. Jemand, der nach dieser Maxime handelt, bleibt dem Reisenden in bester Erinnerung. Er wird Dich als Chef empfehlen, da Du ihn in seiner Entwicklung unterstützt und ihm eben keine Steine in den Weg gelegt hast. Und wen empfehlen gute Leute? Na klar: Gute Leute. Es kommt alles zurück!**

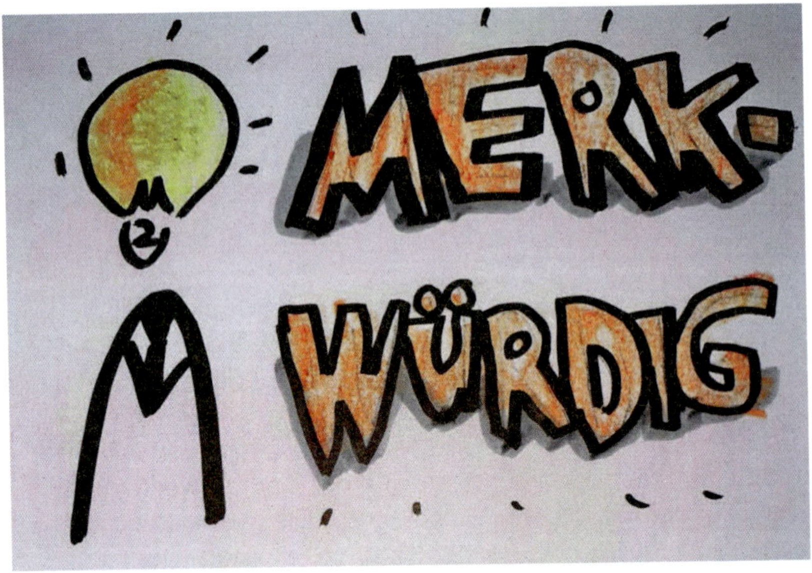
MERK-
WÜRDIG

Merk-würdig: Das notiere ich mir!

Frage 28 - Wen sollte man zum Chef befördern? Kann man auch die Chefrolle wieder abgeben?

Die Frage könnte auch anders lauten. Derjenige, der sie mir gestellt hat, möchte wissen, ob er selbst als Führungskraft geeignet ist.

Vor mir sitzt ein extrem kluger Kopf. Er gehört wahrscheinlich zu den entscheidenden Wissensträgern im gesamten Unternehmen. Wenn er das Unternehmen verlässt, dann entsteht eine große Know-how-Lücke. Was hier passiert, findet tausendfach statt und ist so furchtbar. Was meine ich?

Nun, auf Newcomer-Ebene wird wer am ehesten zum Chef gemacht? Richtig! Es ist derjenige, der bis dahin am besten den (operativen) Job gemacht hat. Er kennt sich im Fachgebiet aus. Also ist er auch ein guter Chef. Was für ein Trugschluss. Das ist genauso valide, wie folgende Behauptung: Lothar Matthäus war ein super Fußballer, deshalb ist er auch ein super Trainer ... na, dämmert es?

Es kommt noch schlimmer. Ich behaupte, dass in vielen Fällen das Unternehmen einen sehr guten Mitarbeiter verliert und gleichzeitig einen schlechten Chef bekommt. Das ist wirklich eine Lose-lose-Situation. Mehr noch – der neue Chef hat es auch dank der Situation „Vom Kollegen zum Chef" ohnehin schwer. Da er der beste Mitarbeiter war, hat er es zusätzlich schwer, Aufgaben zu delegieren. Er weiß, dass er es selber qualitativ besser kann als der Großteil seiner Mitarbeiter. Ich zähle dann bis zehn (Monate) und ernsthafte Krisen bahnen sich ihren Weg.

Nun zurück zu meinem Coachee, denn es ist genau zehn Monate her. Er wirkt erschöpft und antriebslos. Die Führungsrolle möchte er nur zu gerne abgeben. Aber das sieht die klassische Karriereleiter ja nicht vor. Immer weiter, immer höher. Im Verlauf der Coachings wird ihm bewusst, dass die Situation für niemanden positiv ist. Nicht für ihn, nicht für seine Mitarbeiter und auch nicht für das Unternehmen.

Wir bereiten eine Exit-Strategie vor. In mehreren Gesprächen, auch mit der Personalabteilung, gelingt es, dass er ohne Gesichtsverlust in seine Expertenlaufbahn zurückkehren kann. Gut kommuniziert erlaubt es allen Beteiligten, diesen „Rückschritt" als „Fortschritt" für das Team und das Unternehmen wahrzunehmen.

Daher meine Antwort: **Gute Unternehmen bieten nicht nur den klassischen Karrierepfad an. Sie haben mindestens einen weiteren Pfad, der eine Expertenlaufbahn als eigenen Karriereweg definiert. Zusätzlich schaffen sie einen Rahmen, der es ermöglicht, ohne Gesichtsverlust einen Karrierepfad zu wechseln.** Wenn man im Wald die falsche Abbiegung genommen hat, kehrt man auch um und läuft zurück bis an die Stelle, wo man die richtige Abbiegung wieder vor Augen hat.

Und dann heißt es: Konsequent weitergehen. Viel Erfolg dabei!

Frage 29 - Einer meiner Mitarbeiter engagiert sich sehr stark außerberuflich in Vereinen. Ich habe das Gefühl, dass ihm die Vereine teilweise wichtiger sind als der Job. Wie gehe ich damit um?

Der Coachee, der mir diese Frage gestellt hat, bleibt mir auf ewig in Erinnerung. Warum? Als ich ihn kennenlerne, verstehe ich, dass er eine sehr klare Vorstellung davon hat, was ein Job ist und was nicht. In seiner Welt ist der Job alles. Der Job muss daher immer erste Priorität haben. Er hat kaum Privatleben, aber er scheint es auch nicht zu vermissen.

Vielleicht ergeht es Dir beim Lesen dieser ersten Zeilen so, dass sich die hier gestellte Frage nun etwas anders darstellt. Überleg einmal, wie ein Mitarbeiter auf einen solchen Chef wirken muss. Das ist doch Provokation pur! Auf der einen Seite der Workaholic-Chef, der gefühlt 24 Stunden 7 Tage die Woche für die Arbeit brennt. Auf der anderen Seite ein Mitarbeiter, der sich stark außerhalb des Berufs engagiert und einen für sich anderen Schwerpunkt zu legen scheint.

Im Laufe der Sitzungen wird meinem Coachee klar, dass er den Mitarbeiter nicht ändern kann. Das Einzige, was er als Chef machen kann, ist, dass er seine eigene Einstellung und den Umgang mit diesem Thema ändert.

Und jetzt kommt es. Wir arbeiten uns langsam vor. Es stellt sich heraus, dass die Arbeitsqualität des Mitarbeiters überdurchschnittlich ist. Außerdem ist es ihm durch seine Tätigkeit gelungen, mit dazu beizutragen, dass das Unternehmen in der Öffentlichkeit bekannter wird. Ganz konkret ist es diesem Mitarbeiter durch seine Vereinstätigkeit gelungen, zwei neue Mitarbeiter anzuwerben, die seither das Unternehmen ebenfalls sehr gut unterstützen.

Du ahnst es – es gelingt dem Coachee langsam, seine Sichtweise zu verändern. Nicht die Provokation des vermeintlich anderen Schwerpunkts steht im Vordergrund, sondern die Bereicherung, die dieser Mitarbeiter mitbringt, weil er eben kein Workaholic ist.

Zusammenfassend:

Versuche in der Andersartigkeit eines Mitarbeiters zunächst eine Bereicherung zu sehen. Was bringt er mit, was ich nicht habe? Wie können wir das für unsere Aufgabe nutzen? Menschen, die sich außerhalb des Unternehmens engagieren, bringen damit einen zusätzlichen Erfahrungsschatz mit. Schade, wenn Du den nicht nutzt.

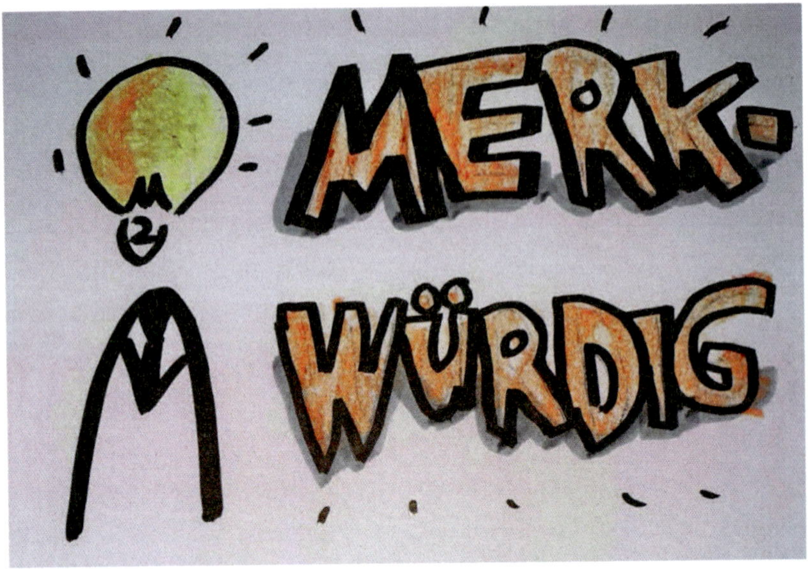
MERK-
WÜRDIG

Merk-würdig: Das notiere ich mir!

Frage 30 - Ich bin 28, gleichzeitig sind alle meine Mitarbeiter teilweise deutlich älter. Wie soll ich da als Autorität auftreten?

Andere Frage: Wie würdest Du es finden, wenn ausschließlich nach Seniorität entschieden würde, wer Chef wird? Das wäre ein Unternehmen, in dem immer der Älteste Chef wird.

Merkst Du was? Ja, genau, Alter hat überhaupt nichts mit der Frage zu tun, ob jemand geeignet ist, Chef zu werden. Im Übrigen ist es auch so, dass die Bereiche unserer Gesellschaft, in der Beförderung stark mit dem Alter zusammenhängen, nicht unbedingt durch Dynamik, Kreativität und Wachstum glänzen. Bitte, liebe Beamte, seht mir nach, dass ich das hier so schreibe. Ich bin selbst mit einer Beamtin verheiratet und es geht mir sehr gut.

Gleichzeitig sehen wir in unserer Gesellschaft aber auch, dass es durchaus junges, sehr junges Führungspersonal gibt. Wenn wir zu unseren Nachbarn nach Österreich schauen, sehen wir dort einen Kanzler, der dies mit Anfang 30 erreicht hat. Ich möchte an dieser Stelle keine politische Bewertung treffen. Lediglich darauf hinweisen, dass das Alter offensichtlich keine Rolle spielt.

Was gibt es also zu tun?

Konzentriere Dich auf das, was für die Qualität der Arbeit mit Deiner Mannschaft entscheidend ist. Das ist vor allem Deine Fachkompetenz und die Fähigkeit zur Kooperation mit Deinen Mitarbeitern. Achte auf das Alter nur, wenn Du jemandem zum Geburtstag gratulierst. Das reicht!

Bonus-Frage: „Wie gehe ich mit einer Krise um?"

Es ist März 2020. Ich bin kurz davor, das Buch zu finalisieren. Alles ist im Plan. Positive Rückmeldungen auf Auszüge des Buches bestärken mich darin, nun endlich „zu Potte" zu kommen. Und da passiert es. Die WHO erklärt Corona zur Pandemie. Von heute auf morgen brechen bei mir so gut wie alle Aufträge weg. Ein wirtschaftliches Desaster bahnt sich an. So wie mir geht es jetzt Millionen Deutschen. Habe ich alles verloren?

Nein, ich habe immer noch eine wunderbare Familie mit einer wunderbaren Frau an meiner Seite. Wir haben fünf gesunde Kinder, die weiterhin die Welt erforschen und entdecken wollen. Ich selber werde von heute auf morgen Grundschullehrer für meine beiden ältesten Kinder. Mein Respekt vor Lehrkräften wächst gewaltig. Gleichzeitig erfährt mein Netzwerk von Freunden und guten Bekannten eine enorme Stärkung. Teilweise habe ich das Gefühl, mehr zu gewinnen als zu verlieren. Kontakte werden intensiver. Echtes Interesse zeigt sich:

Ein Kunde, für den ich einen Lego-Workshop moderiert habe, schickt mir, nachdem die Ausgangssperre schon einige Zeit vorangeschritten ist, ein Lego-T-Shirt, auf dem in Anlehnung an Lego-Bricks draufsteht: **I want to brick free**. Der Kunde trifft damit genau meine Stimmung. Andere Kunden rufen mich an und fragen, wie es mir geht, und zeigen damit echte Fürsorge.

Von meinen Aufträgen bleiben mir zunächst nur noch Online-Coachings. In diesen passiert etwas für mich sehr Spannendes. Viele Probleme meiner Coachees haben sich dank der Krise in Luft aufgelöst. Ein Coachee, der bis dato angab, sehr fremdbestimmt zu sein, da er ständig zu Meetings eingeladen wird, hatte auf einmal Zeit, sich um Wesentlicheres zu kümmern. Wir stellen gemeinsam die These auf:

Vor 2020 waren Meetings oftmals überflüssig. Nach Corona wird man vermutlich genau überlegen, ob dieses oder jenes Meeting wirklich stattfinden muss. *Ob es dabei unbedingt erforderlich ist, Menschen für einen einstündigen Termin 500 km hinzuschicken, um sie gleich danach wieder heimzuschicken!?*

Ich möchte zum Ende meines Buches das Thema ganz praktisch angehen, um Dich Newcomer zum Schluss noch einmal zu motivieren und – in Krisenzeiten – aufzubauen. Wenn wir das Thema Krise einmal systematisch zu Ende denken, dann siehst Du, dass es Grund zur Freude gibt. Ich habe Dir das in meinem Flipchart auf der nächsten Seite als „Wegweiser durch die Krise" zusammengefasst.

Wegweiser durch die Krise

Wenn diese Krise in einer Katastrophe mündet ...

➡ Dann erfreue Dich am hier und jetzt

Wenn auch diese Krise, wie jede andere Krise der Menschheit, vorrüber geht

➡ dann erfreue Dich, dass Du Zeit hast für das Wesentliche

Jeder Tag ist ein Geschenk

Ein frischer Gedanke für die Woche(n)

"**KRISE** ist ein produktiver **ZUSTAND**. Man muss ihm nur den **BEIGESCHMACK** der **KATASTROPHE** nehmen."

von Max Frisch

Kommt gut durch die "Zeit"

Zu guter Letzt: Ich lade Dich ein, Dein Newcomer-Tagebuch zu schreiben. Keine Angst, es muss kein Roman sein. Mir geht es um Folgendes: Schreibe in der nächsten Zeit am Ende eines jeden Arbeitstages **drei** Dinge auf, die Dir an diesem Tag gut gelungen sind. Klopfe Dir ruhig auch bei scheinbar kleinen Themen gedanklich auf die Schulter.

Ich führe so ein Tagebuch selbst und bin verblüfft. Zu Corona-Zeiten stehen dort Themen drin wie:

---

31. März 2020:

1. Eigenes Buch finalisiert
2. Neues Seminarkonzept „Achtsamkeit" entwickelt
3. Online-Tool „Zoom" kennengelernt und eingesetzt

(Krisenzeiten sind **Entwicklungs- und Chancezeiten**)

Das Tagebuch ist teilweise deutlich reicher an wertvollen Erfahrungen, als dies in Nicht-Krisenzeiten der Fall war. Insofern wünsche ich Dir nun nach dem Lesen dieses Buches eine fröhliche und produktive Krise. Mach es gut!

MERK-WÜRDIG

Merk-würdig: Das notiere ich mir!

DU bist ein Star

Froh + motiviert

Zufrieden + in sich ruhend

optimistisch offen

traurig + antriebslos

überrascht + gespannt

verärgert + anklagend

DU bist vielfältig

Schlusswort

Herausgeber Dipl. Finanzwirt (FH) Gregor Danielmeyer war hauptamtlicher Fortbilder in der Finanzverwaltung Nordrhein-Westfalen. Er unterrichtete nicht nur Steuerrecht, sondern bildete auch neue Trainer für verhaltensorientierte Bereiche der Prüfungsdienste aus. In dieser Zeit hat er sich zu einem Spezialisten in Sachen Teambuilding entwickelt. Lego®, Luftballons, Knetgummi u.a. sind deshalb weiterhin alltägliche Tools seines Werkzeugkoffers.

Die Wege von Autor und Herausgeber kreuzten sich das erste Mal im Jahre 2018. Zunächst war der Herausgeber selbst Teilnehmer eines Fischer-Coachings. Nach und nach wurden die Kontakte intensiviert und nach unzähligen Kurzmitteilungen entstand im Herbst 2019 die Idee eines Ratgebers zur Visualisierung und Verschriftlichung von praxisnahen Kapiteln der Personalführung.

Et voilà ... hier ist das Ergebnis ... ☺

Für Lukas

Neugierig geworden?

JETZT ANSEHEN

Führungskräfte-entwicklung

Bleib authentisch, folge dem roten Faden

www.markusfischer.net

Teamentwicklung
MÜLL
Das lassen
WIR
hinter uns
www.markusfischer.net

Und jetzt ab in den Urlaub …

… nach dem Urlaub ist Führerscheinprüfung …!

Dein rosa Lappen!

SCAN MICH